安格斯迷路了
ANGUS LOST

THE ADVENTURES OF ANGUS
安格斯奇遇记 (1)

[美] 玛乔里·弗莱克 著
程来川 编

山东城市出版传媒集团·济南出版社

来川学习方法

安格斯迷路了 ANGUS LOST
安格斯和猫 ANGUS AND THE CAT
安格斯和鸭子 ANGUS AND THE DUCKS
安格斯和摇尾巴狗贝丝 ANGUS AND WAG-TAIL-BESS
安格斯和托普茜 ANGUS AND TOPSY

[美] 玛乔里·弗莱克 著

程来川 编

来川英文原著分级足量阅读

安格斯奇遇记（全集）

THE ADVENTURES OF ANGUS

- 美国第一本真正意义上的故事绘本，世界图画书中的不朽之作。
- 著名插图画家玛乔里·弗莱克的经典代表作"安格斯奇遇记"5册全收录。
- 用独特且科学的来川学习方法对内容进行编排和注释，帮助学生以更高效的方法熟读经典。

山东城市出版传媒集团·济南出版社

图书在版编目(CIP)数据

来川英文原著分级足量阅读.安格斯奇遇记/程来川编著.--济南:济南出版社,2023.10

ISBN 978-7-5488-5949-9

Ⅰ.①来… Ⅱ.①程… Ⅲ.①英语—阅读教学—中小学—教学参考资料 Ⅳ.① G634.413

中国版本图书馆 CIP 数据核字(2023)第 213585 号

来川英文原著分级足量阅读·安格斯奇遇记　LAI CHUAN YING WEN YUAN ZHU FEN JI ZU LIANG YUE DU · AN GE SI QI YU JI

程来川　编

出 版 人	田俊林
责任编辑	尹利华
出版发行	济南出版社
地　　址	济南市市中区二环南路 1 号 (250002)
总 编 室	(0531) 86131715
印　　刷	泰安市恒彩印务有限公司
版　　次	2023 年 11 月第 1 版
印　　次	2023 年 11 月第 1 次印刷
成品尺寸	210mm×285mm　16 开
印　　张	16.75
字　　数	50 千
定　　价	128.00 元

(如有印装质量问题,请与出版社出版部联系调换,联系电话:0531-86131716)　Production Lot: HY20231124-3000-AGSQYJ

序　言

1930年，一只可爱的萌犬安格斯跑进了邻家的院子，开始了它惊险而又刺激的冒险之旅，而它的这一跑，也跑进了千千万万小读者的眼中，成为一个经久不衰的经典形象。

玛乔里·弗莱克（Marjorie Flack，1897—1958），美国著名儿童图画书作家、插图画家。"安格斯系列"是其代表性的经典作品之一，也是图画书史上第一本真正意义上的故事绘本，被誉为"奠定绘本基础的作品"。

玛乔里·弗莱克是一个喜爱动物的人。她笔下的小鸭子、小狗等动物的动作、神态都十分传神，因为这些故事都是玛乔里·弗莱克以自己家、朋友家和邻居家的动物为原型，根据实际发生过的事情经过艺术加工而成的。尤其是好奇、顽皮、爱冒险、会嫉妒的安格斯，它是只小狗，但又像是一个淘气的孩子。小读者们透过故事，可以从它的身上看到自己成长的影子。孩子们在为安格斯的可爱微笑，为安格斯的历险屏气紧张的同时，还会在安格斯的经历中总结教训，陪它一起成长。

"安格斯系列"包括《安格斯迷路了》《安格斯和猫》《安格斯和鸭子》《安格斯和摇尾巴狗贝丝》《安格斯和托普茜》五个故事。本系列丛书将这五个故事全部收录，并以独特而科学的"来川学习方法"进行编排和释义，旨在帮助更多的中国小朋友阅读更多经典英文原著，在汲取原汁原味的英文原著的文化精髓的同时，提高自己的英语水平，不知不觉地在阅读中提升英文水平。

来川老师的一封信

亲爱的家长、同学们：

　　大家好！我是来川老师，一直希望把自己的这套英语学习方法传递给更多的孩子和家长，希望孩子可以不为学习而苦恼，真正地学出幸福感。相信很多家长都会为孩子的英语学习发愁，尤其是随着"双减"政策的实施，没有辅导班的"助力"，加剧了一些家长的焦虑。不要焦虑！孩子缺的不是辅导班，缺的是学习方法和开始学习的动机。

　　人类做任何事情都是有动机的，这个动机实际上包括两个方面：第一是做这件事有什么益处，第二是做这件事的成功概率有多少。孩子为什么喜欢玩游戏？因为很多游戏是能马上给孩子反馈的。而学习是需要一个较长的过程的，很多孩子还没开始就放弃了。那怎么才能让孩子爱上学习呢？来川老师建议：不管做任何事情一定要让孩子快速地看到好的、有益的效果。这个方法很重要，我们在书中设计的涂圈背词法，就是遵循从易到难的原则，就是可以取得立竿见影的效果，让孩子马上相信自己。

　　所以我们推出了来川学习奖励计划。孩子用来川英语系列书籍打卡学习，就能获得现金奖励。同时我们有专业的助教老师点评，能发现孩子学习中的问题并能给出具体的解决办法。我也会录一些讲学习方法的视频，孩子看视频学习的同时也能获得奖励。孩子拿自己挣的奖金可以选择做很多有意义的事情，比如请父母吃一顿饭，给弟弟妹妹买玩具，请朋友看电影，给流浪猫狗买食物，捐助贫困地区的孩子，等等。

　　我们的活动也已经进行几十期了，很多孩子刚开始都是在家长的协助下完成任务，几天之后孩子自己就变得热情高涨，每天积极主动去打卡学习，我们也收到了很多孩子通过坚持打卡学习成绩快速提高的反馈。例如：

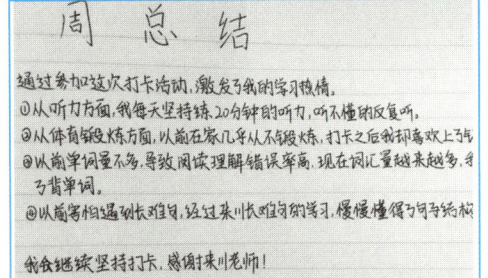

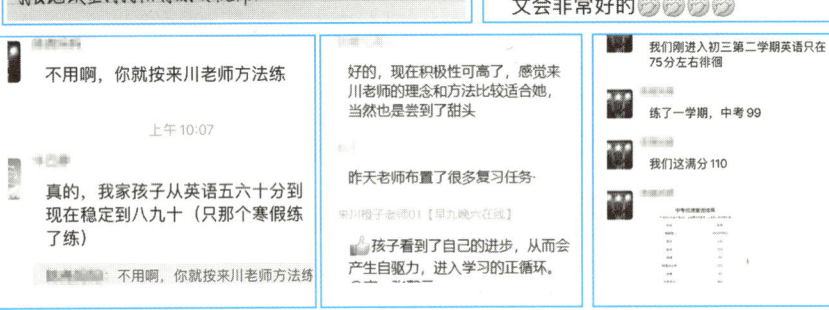

我们通过激励的方式让孩子开始行动起来，养成习惯后，他就会主动去学习了。在这个过程中，我们会教会孩子正确的学习方法，培养孩子自我学习的内驱力，形成一个良性循环。当孩子养成这样良好的学习习惯以后，不仅仅是成绩的提高，更重要的是也锻炼了孩子做事的能力。

来川老师

丛书使用说明

阅读英文原版小说是提高英语能力的重要手段。只有大量的阅读、大量的视觉输入和脑部刺激，才能累积大量语言素材，进而升级到"写"。没有大量的"听和读"的累积，仅仅依靠机械地学习语法知识、背诵英文单词，是很难真正地学会英语语言表达的。但是大部分学生很难读完整本英文原版小说，究其原因，主要有三个：一是难度太大。学生需要不停地查字典，查手机，无法进行沉浸式阅读。二是一页英文对照一页中文。学生会不自觉去阅读中文版本，忽视英文原版，从而不利于提高学生的英文阅读能力。三是个别单词注释。每个学生的英文基础不一样，只给个别英语单词的注释无法解决学生的困扰。

由来川学习方法团队策划研发的这套英文原著分级阅读，有效解决了以上问题，同学们需要运用"来川英文小说阅读四步法"进行阅读本书，定能在阅读中读出成就感。

第一步：背单词

本系列丛书中每一部原著前面都有一个单词表，单词表涵盖了原著中的重难点单词，并按照该单词在原著内容中出现的频率进行排序。同学们只需结合来川学习卡片，用"来川词频标记背词法"中讲述的方法去背诵单词表中的单词。这些单词都是出现在原著中的重点词。掌握这些单词，有助于同学们更好地阅读原著。

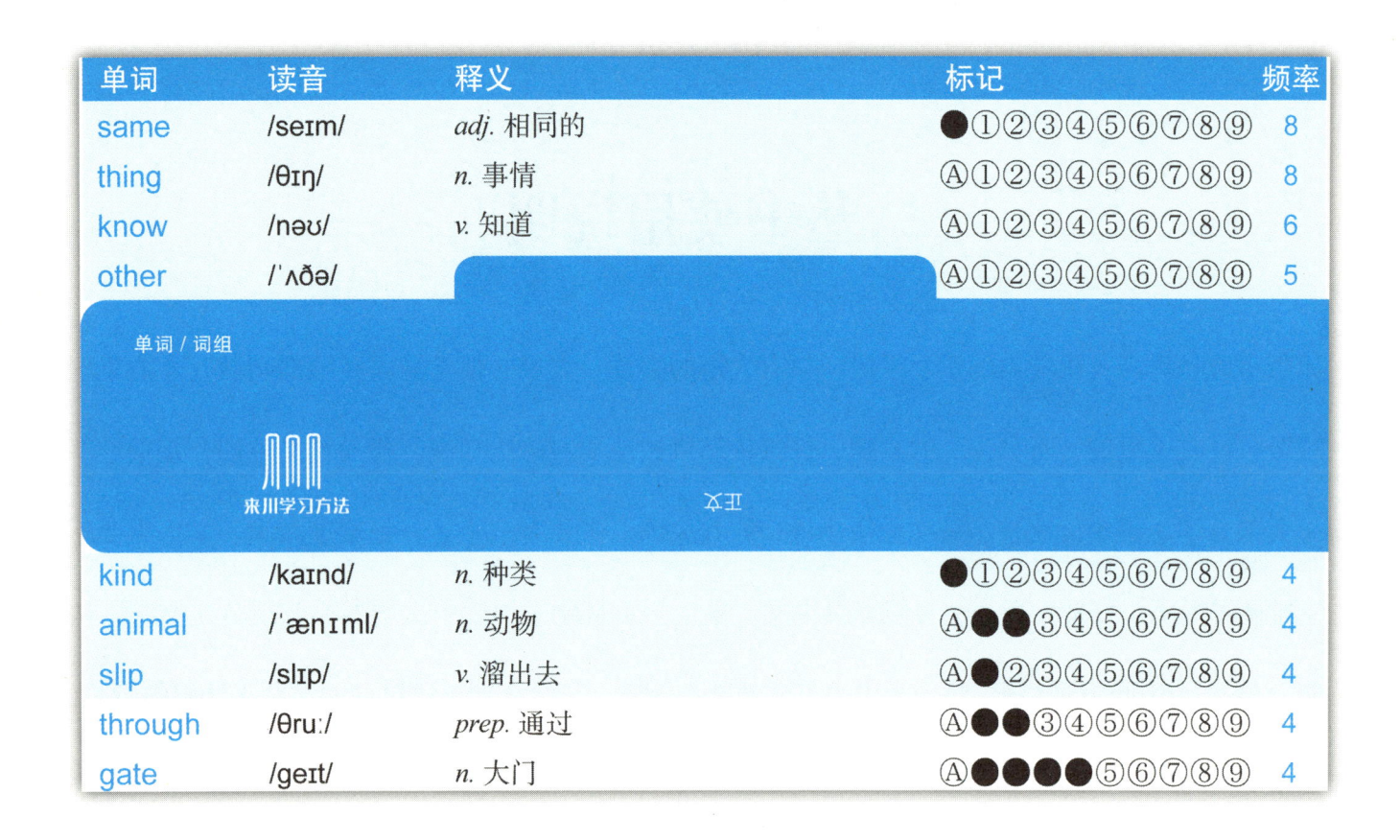

单词	读音	释义	标记	频率
same	/seɪm/	adj. 相同的	●①②③④⑤⑥⑦⑧⑨	8
thing	/θɪŋ/	n. 事情	Ⓐ①②③④⑤⑥⑦⑧⑨	8
know	/nəʊ/	v. 知道	Ⓐ①②③④⑤⑥⑦⑧⑨	6
other	/ˈʌðə/		Ⓐ①②③④⑤⑥⑦⑧⑨	5
kind	/kaɪnd/	n. 种类	●①②③④⑤⑥⑦⑧⑨	4
animal	/ˈænɪml/	n. 动物	Ⓐ●●③④⑤⑥⑦⑧⑨	4
slip	/slɪp/	v. 溜出去	Ⓐ●②③④⑤⑥⑦⑧⑨	4
through	/θruː/	prep. 通过	Ⓐ●●③④⑤⑥⑦⑧⑨	4
gate	/geɪt/	n. 大门	Ⓐ●●●●⑤⑥⑦⑧⑨	4

第二步：读英语单词随文释义版

为了降低学生的阅读难度，我们几乎把每一个英语单词都标注了中文释义。同时，又为了防止所增加的注释对阅读造成干扰，影响阅读原著的流畅度，我们打破了在单词后面用括号进行标注的传统方法，而是把该单词的中文释义直接放在了该单词的下面。

> When winter came, Angus grew tired of the
> 当 ……的时候 冬 天 到 来 安格斯 对……厌 倦
> dāng de shí hou dōng tiān dào lái ān gé sī duì yàn juàn
>
> SAME YARD and the SAME HOUSE and the SAME
> 相同的 院子 相同的 房子 相同的
> xiāng tóng de yuàn zi xiāng tóng de fáng zi xiāng tóng de
>
> CAT and all the SAME THINGS he knew all
> 猫 所有的 相同的 事物 它 知道 所有的
> māo suǒ yǒu de xiāng tóng de shì wù tā zhī dào suǒ yǒu de
>
> about .
> 相关的
> xiāng guān de
>
> (文字直接放在单词下面，既保证了阅读的流畅度，又提高了查找生词的效率。)
>
> Angus was curious about OTHER PLACES and OTHER
> 安格斯 对……好奇 其他的 地方 其他的
> ān gé sī duì hào qí qí tā de dì fang qí tā de
>
> THINGS, such as—where the milkman came from and
> 事物 例如 送奶工 来自
> shì wù lì rú sòng nǎi gōng lái zì

那很多同学就有疑问了，这样的话，眼睛往下一瞅不就看见释义了吗？还是会影响阅读呀！是的。所以我们发明了来川名著阅读的专用学习卡片。像下图这样，用卡片挡住下面的中文释义，这样就不用担心会在不想看释义的时候看到了。当看完一行，再把卡片平行移到下一行就行了。

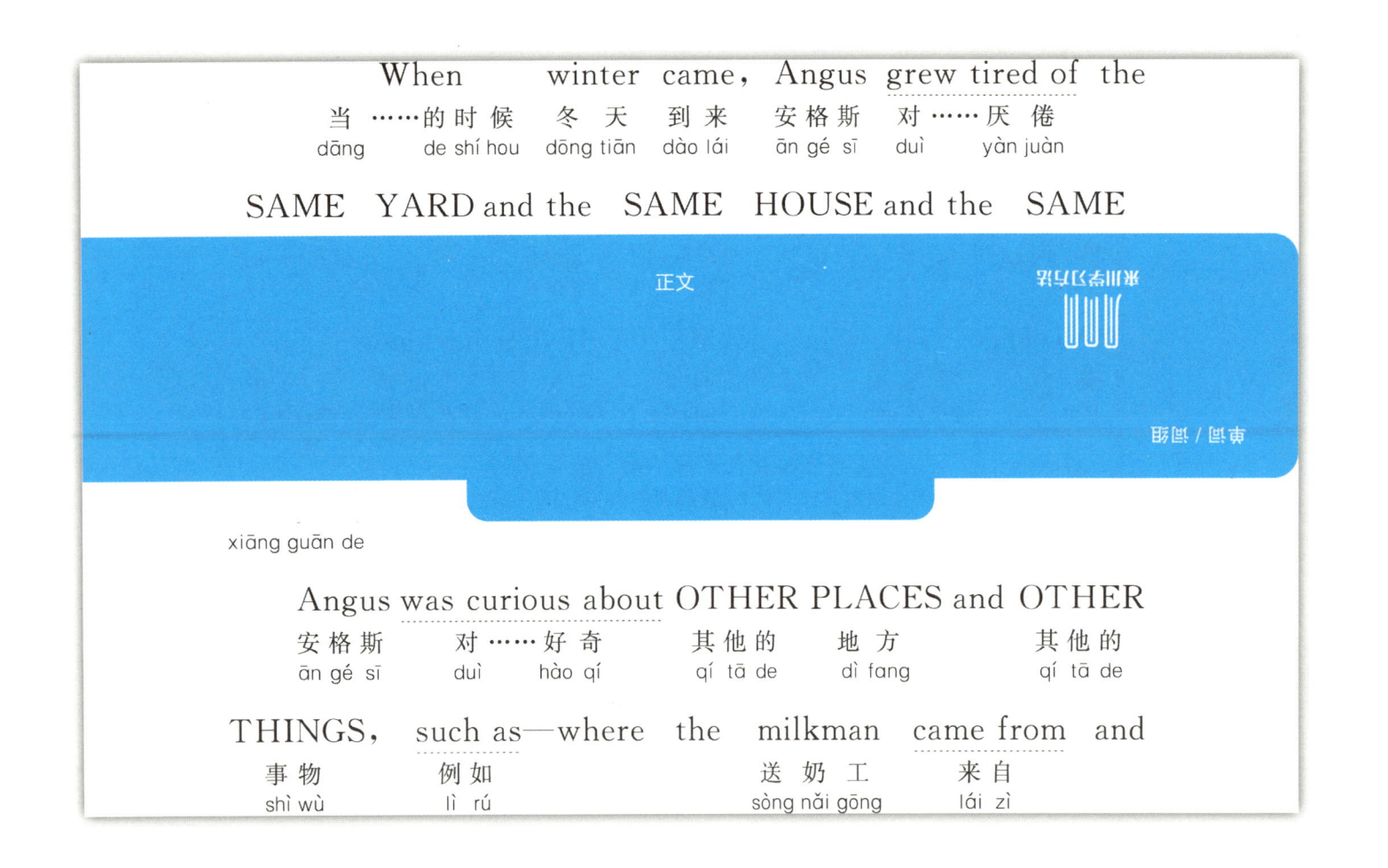

When winter came, Angus grew tired of the
当……的时候　冬　天　到　来　安格斯　对……厌　倦
dāng　　de shí hou　dōng tiān　dào lái　ān gé sī　duì　yàn juàn

SAME YARD and the SAME HOUSE and the SAME

xiāng guān de

Angus was curious about OTHER PLACES and OTHER
安格斯　对……好　奇　其他的　地　方　其他的
ān gé sī　duì　hào qí　qí tā de　dì fang　qí tā de

THINGS, such as—where the milkman came from and
事　物　例　如　　　　　　送　奶　工　来　自
shì wù　lì rú　　　　　　sòng nǎi gōng　lái zì

那么，如果有某个单词或词组不认识，想要看一下中文释义怎么办呢？非常简单啦！只需把卡片稍微倾斜一下，你所需要查看的释义就露出来了！这样查起单词来特别方便快速，比翻字典效率提升了N倍呢！

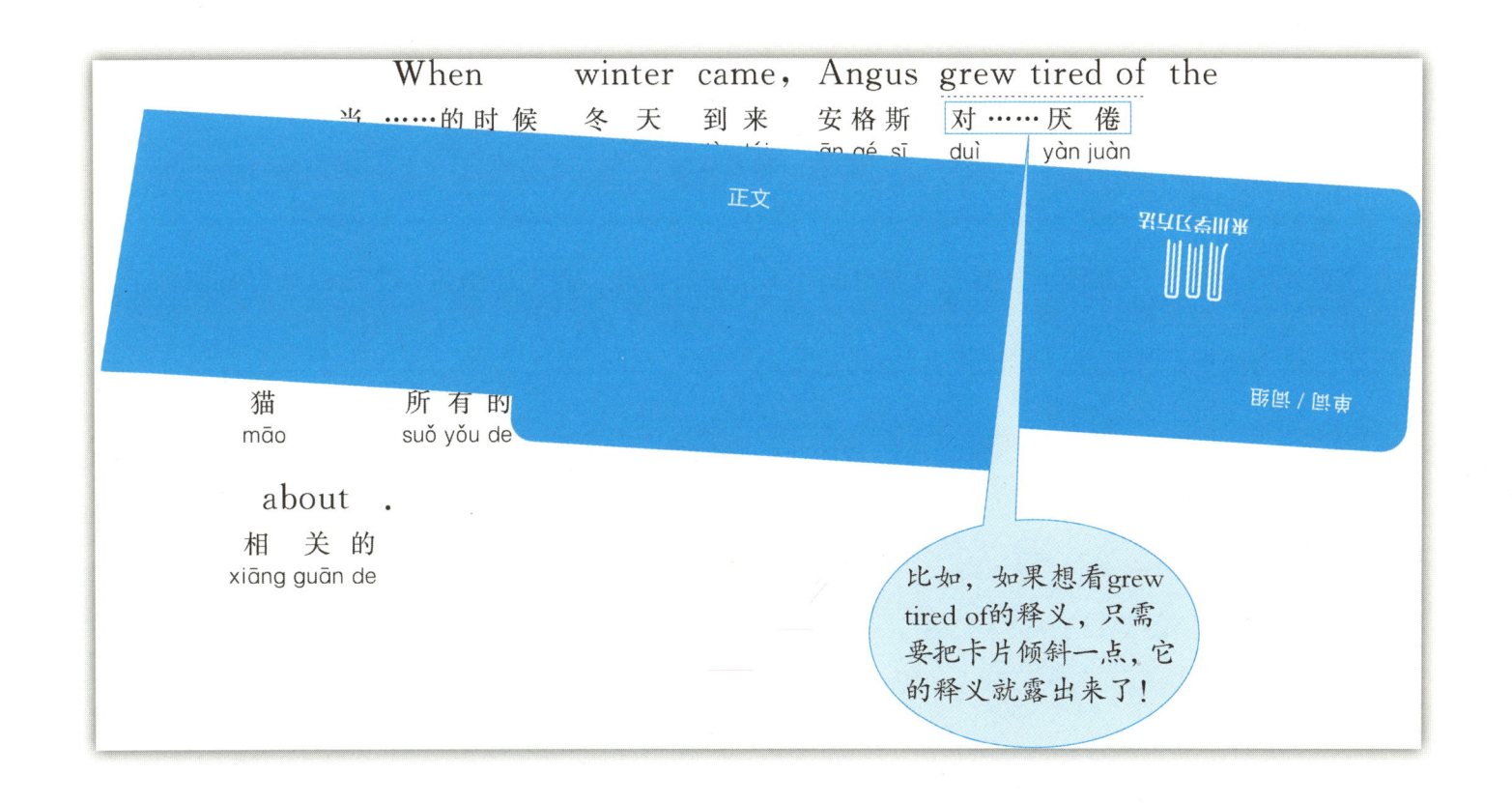

When winter came, Angus grew tired of the
当……的时候 冬天 到来 安格斯 对……厌倦
              ān gé sī duì yàn juàn

正文

猫   所有的
māo   suǒ yǒu de

about .
相 关 的
xiāng guān de

比如，如果想看grew tired of的释义，只需要把卡片倾斜一点，它的释义就露出来了！

用这样的方法去阅读英文原著，你会发现原来读英文原著也能读得酣畅淋漓，再也不用为生词和翻字典而头疼了。

还需要提醒同学们的是，大家读完一页之后，千万不要忘了去做下面的题目哟。每一道题目都是精心设置的，能帮助你更高效地理解本页所读的内容。题目做完后，还可以扫下面的二维码去核对答案，核对答案还能额外获得现金奖励呢。

考考你	安格斯对什么感到厌倦？		
	A. 只对熟悉的院子	B. 只对熟悉的猫	C. 对所熟知的一切

扫码对答案
领现金奖励

而考虑到此书的读者群体年龄都较小，有些汉字可能并不认识。为此，我们还给每一个汉语注释都添加了拼音。同学们如果有不认识的汉字，只需要把卡片倾斜，露出拼音就可以了。

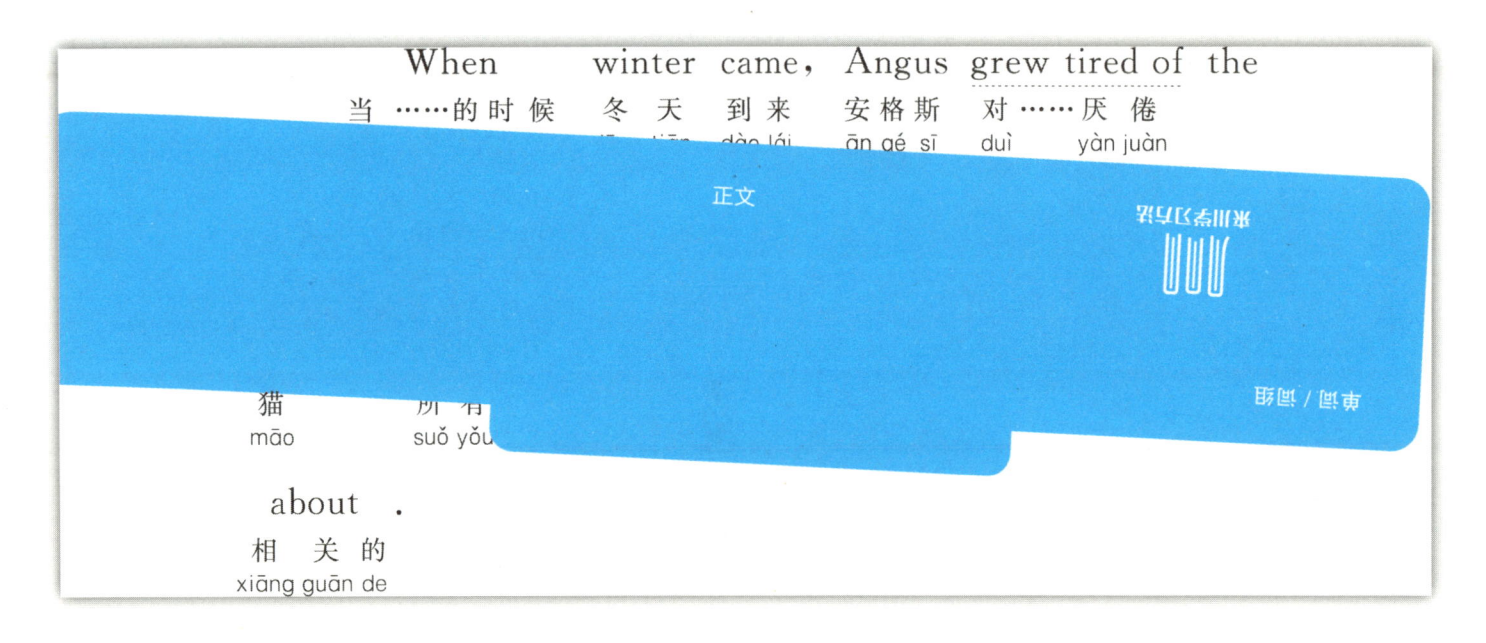

When　　winter came, Angus grew tired of the
当……的时候　冬天　到来　安格斯　对……厌倦
　　　　　 dōng tiān dào lái ān gé sī duì   yàn juàn

正文

英汉对译版

猫　　　所 有
māo　　suǒ yǒu

about .
相　关的
xiāng guān de

第三步：读英汉对译带拼音版

翻到本书的"英汉对译带拼音版"，可以把右边的汉语注释遮挡起来，先阅读英文全文。如果碰到有不懂的部分，可以查看右边的汉语翻译。

而对于尚没达到全英文阅读此书的学生，可以降低难度，采用中英文对照的方式去阅读此书。总之，此书可以用多种方法阅读，且针对不同水平的学生，同学们可以根据自己的英文阅读能力选择更适合自己的方式。

第四步：阅读文学审美和鉴赏

每本书的后面都专门设置了一个"文学审美和鉴赏"的模块，目的是引导学生学会从一个宏观的整体的角度去赏析文学作品。读完这个模块，同学们就能体会本书所要传达的思想内涵，以及其中所蕴含的文学之美。

用以上四步法来阅读此书，相信你定能在阅读中读出幸福感。

请扫描下面的二维码，关注"来川学习方法"的微信公众号，观看更多学习方法。

来川词频标记背词法

随着欧美电影在国内的热映，许多人想去尝试阅读英文原著，体验原汁原味的故事情节。然而，由于大部分国人的词汇量有限，不得转而阅读其汉语译本，从而失去了体会英文阅读的乐趣。由此可见，读懂、读好一本英文原著的前提是背诵与掌握一定程度的词汇量。

但是，目前市面上流行的单词书多按字母顺序排列，让学生进行背诵。这种背诵方法很容易使学生花大量时间背诵前面的不常见的生词，因此造成阅读时不能学以致用，面对常见的词汇还是望文生义的情况。对此，来川老师经过多年研究，独创了"来川词频标记背词法"，让同学们根据单词出现的频率背诵，以达到学以致用的目的，及时巩固记忆效果。

现在让我们一起开始"来川词频标记背词法"的奇妙之旅，学习如何使用高效的方法来背诵单词。

翻到本书的单词列表，往后面翻，直到找到有10多个单词不认识的一页。

第一步：剔除永久记忆的单词。

把"来川名著系列通用学习卡"卡在本页第一个单词那一行，挡住单词的中文意思，看英文单词，在大脑里想这个单词的中文意思，如果能够在2秒内想出该单词的中文意思，就用铅笔把这一行的标记Ⓐ涂黑。然后快速移动"来川名著系列通用学习卡"到下一个单词。如果不认识，不涂黑Ⓐ，快速移动到下一个单词。

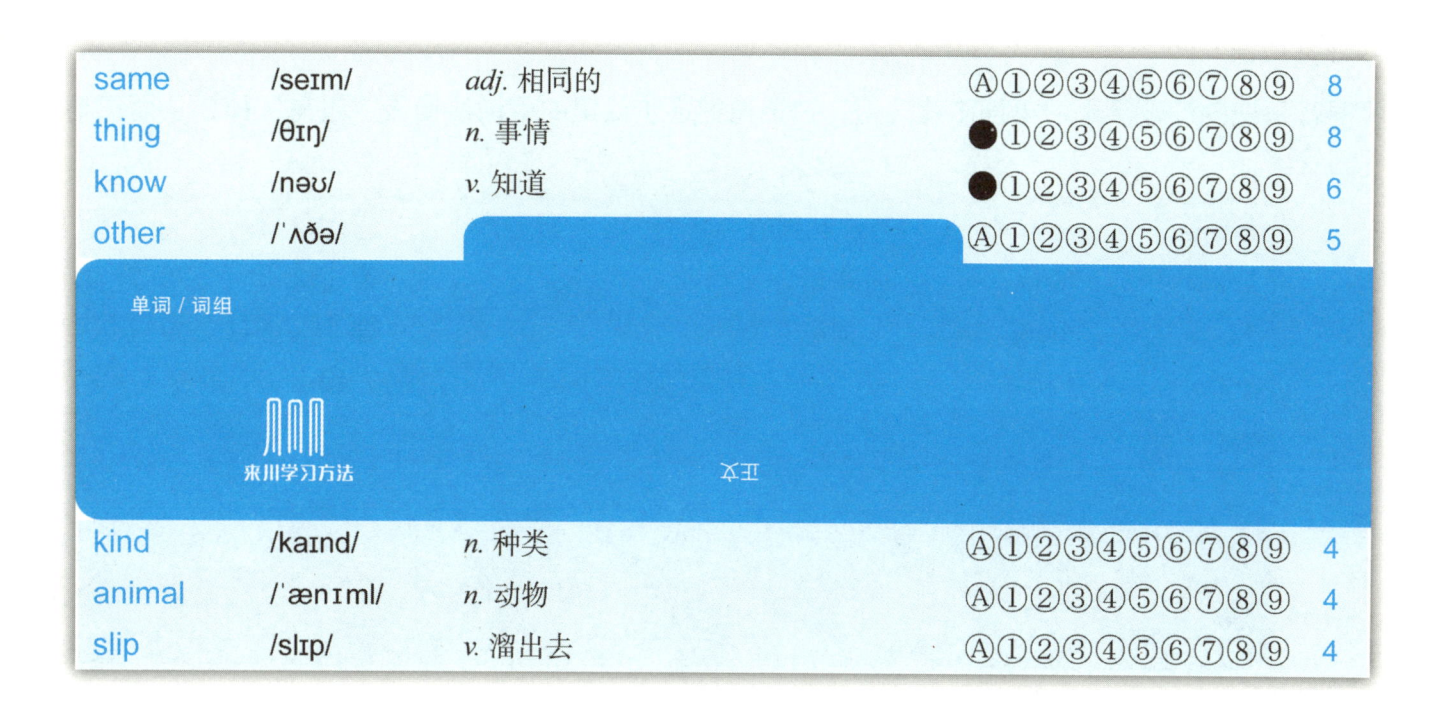

same	/seɪm/	adj. 相同的	Ⓐ①②③④⑤⑥⑦⑧⑨	8
thing	/θɪŋ/	n. 事情	●①②③④⑤⑥⑦⑧⑨	8
know	/nəʊ/	v. 知道	●①②③④⑤⑥⑦⑧⑨	6
other	/ˈʌðə/		Ⓐ①②③④⑤⑥⑦⑧⑨	5

单词 / 词组

来川学习方法　　　　　　　　　正面

kind	/kaɪnd/	n. 种类	Ⓐ①②③④⑤⑥⑦⑧⑨	4
animal	/ˈænɪml/	n. 动物	Ⓐ①②③④⑤⑥⑦⑧⑨	4
slip	/slɪp/	v. 溜出去	Ⓐ①②③④⑤⑥⑦⑧⑨	4

这样记下来，那些本来就认识的单词会都被涂黑了标记Ⓐ，我们称这些单词为"永久记忆"的单词。标记Ⓐ被涂黑的单词，原则上就不用再背了。标记Ⓐ没有被涂黑的单词，是我们重点背诵的。

把认识的单词的标记Ⓐ涂黑大概需要 2 秒，所以可以快速地涂。

当然，也不一定要一次涂完，当涂到有 10 个不认识的单词的时候，就可以开始背诵了。

第二步：背不认识的单词。

第一遍背诵时，把"来川名著系列通用学习卡"卡到开始背诵那一页的第一个单词处，如果Ⓐ是被涂黑的，则说明这个单词是永久记忆单词，马上快速移动卡片到下一个单词，直到找到下一个没有被涂黑Ⓐ的单词，开始背该单词。默念单词和它的中文意思三遍（如果一个单词有多个中文意思，则默念第一个意思即可），背完后移动"来川名著系列通用学习卡"到下一个单词（注意：这一遍不标记涂黑）。如此重复下去。

第三步:"过单词"。

"过"单词就是把Ⓐ没被涂黑的单词多背几遍,一遍遍把逐步认识的单词给慢慢"过滤"掉,从而把精力用在背不熟悉的单词上面。

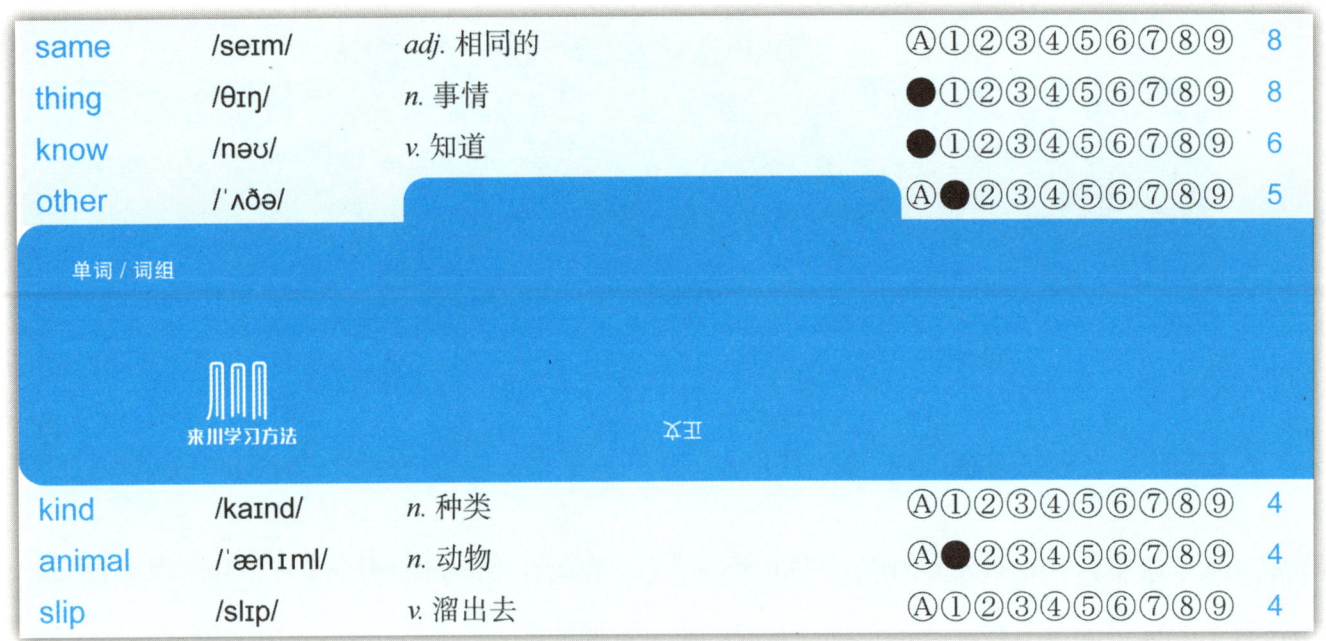

same	/seɪm/	adj. 相同的	Ⓐ①②③④⑤⑥⑦⑧⑨	8
thing	/θɪŋ/	n. 事情	●①②③④⑤⑥⑦⑧⑨	8
know	/nəʊ/	v. 知道	●①②③④⑤⑥⑦⑧⑨	6
other	/ˈʌðə/		Ⓐ●②③④⑤⑥⑦⑧⑨	5
kind	/kaɪnd/	n. 种类	Ⓐ①②③④⑤⑥⑦⑧⑨	4
animal	/ˈænɪml/	n. 动物	Ⓐ●②③④⑤⑥⑦⑧⑨	4
slip	/slɪp/	v. 溜出去	Ⓐ①②③④⑤⑥⑦⑧⑨	4

现在我们开始第二遍涂圈。把卡片挪动到Ⓐ没被涂黑的单词,看着英文,拼命地在大脑里想这个单词的中文意思。如果能想出来,则把①涂黑。如果想不出来,则一定要拼命地继续想 3 秒,如果还想不出来,把"来川名著系列通用学习卡"下移一格,露出中文注释,默念 3 遍。然后,快速移动"来川名著系列通用学习卡"到下一个Ⓐ没被涂黑的单词(注意:第一时间没想出来中文意思的单词是不用标记涂黑的)。如此继续,直到完成本次的背诵任务。

在"过"完一遍之后,一定要定期复习。可按照以上的方法把这 10 个单词再"过"一遍。这一遍,把认识的单词对应的②涂黑。在这一遍过程中,还会有上一遍没有记住的,也就是没有涂黑①的,如果这一遍记住了,则把①涂黑。如果仍然没有记住,则不涂黑,并把该单词默念 3 遍。然后移到下一个单词。

经过几次学习,你会发现,Ⓐ被涂黑:本来就认识的单词;①被涂黑:通过"过单词"的过程被记住了一次的单词;②被涂黑：通过"过单词"的过程记住了两次的单词……以此类推，单词的记忆就会逐渐加强。"过"单词的时间间隔是越来越长的，而在刚开始的时候，可以"过"得密集一些。这是因为人类的记忆是有规可循的，"艾宾浩斯遗忘曲线"揭示了遗忘的规律，如下图所示。

从图中可以看到，我们好不容易记下来的内容，到第二天，会忘掉大部分。

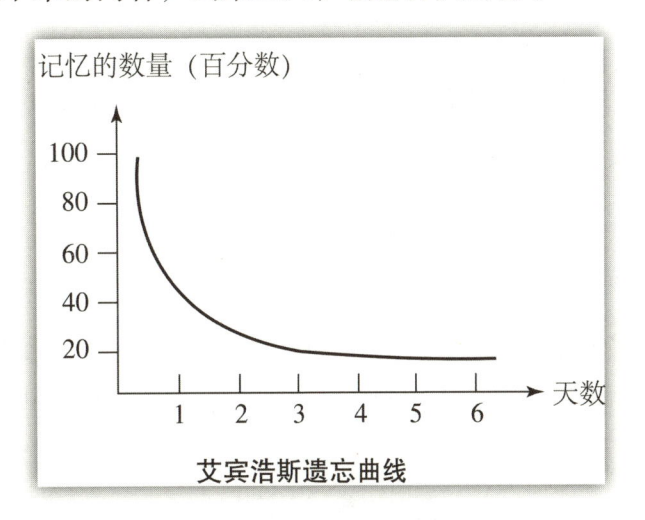

艾宾浩斯遗忘曲线

如何来抵制这个遗忘曲线呢？那就要多复习前面学过的单词，来川老师建议同学们把没形成永久记忆的单词反复背 10 遍以上，直到全部变成永久记忆。

same	/seɪm/	adj. 相同的	Ⓐ●②③④⑤⑥⑦⑧⑨	8
thing	/θɪŋ/	n. 事情	●①②③④⑤⑥⑦⑧⑨	8
know	/nəʊ/	v. 知道	●①②③④⑤⑥⑦⑧⑨	6
other	/ˈʌðə/	adj. 其他的	Ⓐ●●●④⑤⑥⑦⑧⑨	5
place	/pleɪs/	n. 地方	Ⓐ①②③④⑤⑥⑦⑧⑨	5
home	/həʊm/	n. 家 adv. 回家	Ⓐ●●●●⑤⑥⑦⑧⑨	4
milkman	/ˈmɪlkmən/	n. 送奶工	Ⓐ①②③④⑤⑥⑦⑧⑨	4

在涂黑的过程中，也会有很多单词被遗忘，如果哪一次忘了，就在哪一次不涂黑。

那些容易记住的单词，会用最少的次数和时间被快速全部涂黑。而难记住的单词，会不断地重复背诵，直到记住。

"来川词频标记背词法"的精髓就是对于背下来的单词，在即将忘记单词意思的时候，花几秒的时间，把这个单词的记忆延续下去，直到变成永久记忆。

几点提示：

1. 如果按照以上方法背诵起来有困难，可以降低难度，比如可以把一次背诵的单词数量降低到 8 个甚至 5 个。

2. 这个方法的好处就是能够非常高效率地利用零碎时间，哪怕是 60 秒，也可以涂 30 个单词。所以要善于利用每天的课间、饭前、车上、睡前的零碎时间。

3. "过" 10 遍单词的间隔，原则上是间隔越来越长。但是在刚开始背诵的时候，间隔时间不要太长。

4. 可以在周末抽出大段时间，集中把单词整体过 1 至 3 遍，周末集中 "过" 和平时零碎 "过" 相配合，更容易把单词记牢。

5. 背单词的核心是一定要使用单词，一定要通过读相应难度的文章来使用刚刚背过的单词。

扫描上方二维码，回复 "背词 1"，观看 "来川词频标记背词法" 课程！

安格斯迷路了
ANGUS LOST

THE ADVENTURES OF ANGUS
安格斯奇遇记（1）

［美］玛乔里·弗莱克 著
程来川 编

来川学习方法

山东城市出版传媒集团·济南出版社

重难点单词表

单词	读音	释义	标记	频率
same	/seɪm/	*adj.* 相同的	Ⓐ①②③④⑤⑥⑦⑧⑨	8
thing	/θɪŋ/	*n.* 事情	Ⓐ①②③④⑤⑥⑦⑧⑨	8
know	/nəʊ/	*v.* 知道	Ⓐ①②③④⑤⑥⑦⑧⑨	6
other	/ˈʌðə/	*adj.* 其他的	Ⓐ①②③④⑤⑥⑦⑧⑨	5
place	/pleɪs/	*n.* 地方	Ⓐ①②③④⑤⑥⑦⑧⑨	5
home	/həʊm/	*n.* 家 *adv.* 回家	Ⓐ①②③④⑤⑥⑦⑧⑨	4
milkman	/ˈmɪlkmən/	*n.* 送奶工	Ⓐ①②③④⑤⑥⑦⑧⑨	4
wide	/waɪd/	*adj.* 宽阔的	Ⓐ①②③④⑤⑥⑦⑧⑨	4
road	/rəʊd/	*n.* 路	Ⓐ①②③④⑤⑥⑦⑧⑨	4
kind	/kaɪnd/	*n.* 种类	Ⓐ①②③④⑤⑥⑦⑧⑨	4
animal	/ˈænɪml/	*n.* 动物	Ⓐ①②③④⑤⑥⑦⑧⑨	4
slip	/slɪp/	*v.* 溜出去	Ⓐ①②③④⑤⑥⑦⑧⑨	4
through	/θruː/	*prep.* 通过	Ⓐ①②③④⑤⑥⑦⑧⑨	4
gate	/geɪt/	*n.* 大门	Ⓐ①②③④⑤⑥⑦⑧⑨	4
end	/end/	*n.* 尽头	Ⓐ①②③④⑤⑥⑦⑧⑨	4
another	/əˈnʌðə/	*pron.* 另一个	Ⓐ①②③④⑤⑥⑦⑧⑨	4
yard	/jɑːd/	*n.* 院子	Ⓐ①②③④⑤⑥⑦⑧⑨	4
house	/haʊs/	*n.* 房子	Ⓐ①②③④⑤⑥⑦⑧⑨	4
winter	/ˈwɪntə/	*n.* 冬天	Ⓐ①②③④⑤⑥⑦⑧⑨	4
call	/kɔːl/	*v.* 叫	Ⓐ①②③④⑤⑥⑦⑧⑨	4
run	/rʌn/	*v.* 跑	Ⓐ①②③④⑤⑥⑦⑧⑨	4
together	/təˈgeðə/	*adv.* 一起	Ⓐ①②③④⑤⑥⑦⑧⑨	4
fast	/fɑːst/	*adv.* 快地	Ⓐ①②③④⑤⑥⑦⑧⑨	4
too	/tuː/	*adv.* 太	Ⓐ①②③④⑤⑥⑦⑧⑨	4

单词	读音	释义	标记	频率
short	/ʃɔːt/	adj. 短的	Ⓐ①②③④⑤⑥⑦⑧⑨	4
long	/lɒŋ/	adj. 长的	Ⓐ①②③④⑤⑥⑦⑧⑨	4
corner	/ˈkɔːnə/	n. 角落	Ⓐ①②③④⑤⑥⑦⑧⑨	4
again	/əˈgeɪn/	adv. 再次	Ⓐ①②③④⑤⑥⑦⑧⑨	3
instead	/ɪnˈsted/	adv. 代替，却	Ⓐ①②③④⑤⑥⑦⑧⑨	3
goat	/gəʊt/	n. 山羊	Ⓐ①②③④⑤⑥⑦⑧⑨	3
down	/daʊn/	prep. 向下	Ⓐ①②③④⑤⑥⑦⑧⑨	3
horn	/hɔːn/	n. 角	Ⓐ①②③④⑤⑥⑦⑧⑨	2
close	/kləʊz/	adv. 接近地	Ⓐ①②③④⑤⑥⑦⑧⑨	2
stop	/stɒp/	v. 停下	Ⓐ①②③④⑤⑥⑦⑧⑨	2
dark	/dɑːk/	n. 黑夜	Ⓐ①②③④⑤⑥⑦⑧⑨	2
begin	/bɪˈgɪn/	v. 开始	Ⓐ①②③④⑤⑥⑦⑧⑨	2
eye	/aɪ/	n. 眼睛	Ⓐ①②③④⑤⑥⑦⑧⑨	2
find	/faɪnd/	v. 找	Ⓐ①②③④⑤⑥⑦⑧⑨	2
snow	/snəʊ/	n. 雪	Ⓐ①②③④⑤⑥⑦⑧⑨	2
wind	/wɪnd/	n. 风	Ⓐ①②③④⑤⑥⑦⑧⑨	2
cave	/keɪv/	n. 洞穴	Ⓐ①②③④⑤⑥⑦⑧⑨	2
crawl	/krɔːl/	v. 爬行	Ⓐ①②③④⑤⑥⑦⑧⑨	2
wait	/weɪt/	v. 等待	Ⓐ①②③④⑤⑥⑦⑧⑨	2
until	/ənˈtɪl/	conj. 直到	Ⓐ①②③④⑤⑥⑦⑧⑨	2
day	/deɪ/	n. 白天	Ⓐ①②③④⑤⑥⑦⑧⑨	2
stranger	/ˈstreɪndʒə/	n. 陌生人	Ⓐ①②③④⑤⑥⑦⑧⑨	2
follow	/ˈfɒləʊ/	v. 跟随	Ⓐ①②③④⑤⑥⑦⑧⑨	2
glad	/glæd/	adj. 高兴的	Ⓐ①②③④⑤⑥⑦⑧⑨	1

安格斯迷路了

词组	释义	标记	频率
be curious about	对……好奇	Ⓐ①②③④⑤⑥⑦⑧⑨	4
grow tired of	对……厌倦	Ⓐ①②③④⑤⑥⑦⑧⑨	3
come from	来自	Ⓐ①②③④⑤⑥⑦⑧⑨	1
look up	抬头看	Ⓐ①②③④⑤⑥⑦⑧⑨	1
look down	低头看	Ⓐ①②③④⑤⑥⑦⑧⑨	1
come by	经过	Ⓐ①②③④⑤⑥⑦⑧⑨	1
in time	及时	Ⓐ①②③④⑤⑥⑦⑧⑨	1
run away	开走	Ⓐ①②③④⑤⑥⑦⑧⑨	1
from door to door	挨家挨户	Ⓐ①②③④⑤⑥⑦⑧⑨	1
come back	返回到	Ⓐ①②③④⑤⑥⑦⑧⑨	1
such as	例如	Ⓐ①②③④⑤⑥⑦⑧⑨	1
at last	最终	Ⓐ①②③④⑤⑥⑦⑧⑨	1

英语单词随文释义版

扫码听音频,想听哪里点哪里

安格斯迷路了

8

When winter came, Angus grew tired of
当……的时候 冬天到来 安格斯 对……厌倦
dāng de shí hou dōng tiān dào lái ān gé sī duì yàn juàn

the SAME YARD and the SAME HOUSE and the
相同的 院子 相同的 房子
xiāng tóng de yuàn zi xiāng tóng de fáng zi

SAME CAT and all the SAME THINGS he
相同的 猫 所有的 相同的 事物 它
xiāng tóng de māo suǒ yǒu de xiāng tóng de shì wù tā

knew all about.
知道 所有的 相关的
zhī dào suǒ yǒu de xiāng guān de

Angus was curious about OTHER PLACES and
安格斯 对……好奇 其他的 地方
ān gé sī duì hào qí qí tā de dì fang

OTHER THINGS, such as—where the milkman
其他的 事物 例如 送奶工
qí tā de shì wù lì rú sòng nǎi gōng

came from and where the wide road went to and
来自 宽阔的 马路 延伸到
lái zì kuān kuò de mǎ lù yán shēn dào

what kind of animals CARS are and things like that.
什么 种类 动物 汽车 是 类似的事物
shén me zhǒng lèi dòng wù qì chē shì lèi sì de shì wù

考考你 安格斯对什么感到厌倦？

A. 只对熟悉的院子　　B. 只对熟悉的猫　　C. 对所熟知的一切

扫码对答案
领现金奖励

安格斯迷路了

9

So one day Angus slipped through the gate and— there he was on the wide
所以 有一天 安格斯 溜出去 穿过 大门 在那里 它 是 在…… 上面 宽阔的
suǒ yǐ yǒu yī tiān ān gé sī liū chū qù chuān guò dà mén zài nà lǐ tā shì zài shàng miàn kuān kuò de

road．
马路
mǎ lù

考考你 安格斯溜出去后去了哪里？

A. 大门　　　　　　　　B. 马路上　　　　　　　　C. 送奶员家

安格斯迷路了

10

Angus looked up the road and he could see no end . Angus looked down the road and he
安格斯 抬头看 马路 它 能 看不到尽头 安格斯 低头看 马路 它
ān gé sī tái tóu kàn mǎ lù tā néng kàn bù dào jìn tóu ān gé sī dī tóu kàn mǎ lù tā

could see no end .
能 看不到尽头
néng kàn bù dào jìn tóu

考考你 这条马路很长还是很短呢?

A. 很长　　　　　　　　B. 很短　　　　　　　　C. 不知道

安格斯迷路了

11

Then ANOTHER dog came by.
然后　另一只　狗　从旁边走过
rán hòu　lìng yī zhī　gǒu　cóng páng biān zǒu guò

"Woooof," said Angus.
呜—呜—弗　说　安格斯
wū　wū　fú　shuō　ān gé sī

"Grrrruf," called the OTHER dog.
格—鲁—弗　叫　另一只　狗
gé　lǔ　fú　jiào　lìng yī zhī　gǒu

考考你 谁从安格斯旁边经过了？

A. 一只狗　　　　　　B. 一只猫　　　　　　C. 一辆车

扫码对答案
领现金奖励

安格斯迷路了

12

Angus and the other dog ran together up the wide road.
安格斯　　另一只　　跑　一起　　　宽阔的马路
ān gé sī　　lìng yī zhī　　pǎo yī qǐ　　kuān kuò de mǎ lù

考考你 安格斯和另一只狗跑到了哪里？

A. 一条窄马路　　　　B. 一条宽马路　　　　C. 一个偏僻的巷子

Faster ran the other dog, faster ran Angus, but Angus's legs were TOO short.
更 快 地 跑 另一只 狗，更 快 地 跑 安格斯 但是 安格斯的 腿 是 太 短 了
gèng kuài de pǎo lìng yī zhī gǒu gèng kuài de pǎo ān gé sī dàn shì ān gé sī de tuǐ shì tài duǎn le

安格斯迷路了

13

考考你 谁的腿很短？

A. 另一只狗的　　　　　B. 猫的　　　　　C. 安格斯的

安格斯迷路了

14

Faster ran the other dog, faster ran Angus, but — the other dog's legs were TOO long .
更快地跑 另一只 狗 更快地跑 安格斯 但是 另一只 狗的 腿 是 太 长了
gèng kuài de pǎo lìng yī zhī gǒu gèng kuài de pǎo ān gé sī dàn shì lìng yī zhī gǒu de tuǐ shì tài cháng le
Around the corner ran the other dog; around the corner ran Angus , but the other dog was GONE .
在拐角处 跑 另一只 狗 在拐角处 跑 安格斯 但是 另一只 狗 不见了
zài guǎi jiǎo chù pǎo lìng yī zhī gǒu zài guǎi jiǎo chù pǎo ān gé sī dàn shì lìng yī zhī gǒu bù jiàn le

考考你 谁跑得不见了？

A. 另一只狗　　　　　B. 安格斯　　　　　C. 猫

安格斯迷路了

15

Instead there stood a stranger.
代替 在那里 站 陌生者
dài tì zài nà lǐ zhàn mò shēng zhě

"Woooof," said Angus.
呜—呜—弗 说 安格斯
wū wū fú shuō ān gé sī

"Baa-aaaaa," said the GOAT.
咩—咩—咩 说 山羊
miē miē miē shuō shān yáng

考考你 站在那里的陌生者是谁？

A. 另一只狗　　　　　B. 一只山羊　　　　　C. 送奶员

安格斯迷路了

16

"Woooof-woooof," said Angus.
呜—呜—弗—呜—呜—弗 说 安格斯
wū wū fú wū wū fú shuō ān gé sī

But down went the head of the GOAT and its horns were coming close, closer to Angus —
但是 低下 头 山羊 它的角 接近 更近地 安格斯
dàn shì dī xià tóu shān yáng tā de jiǎo jiē jìn gèng jìn de ān gé sī

考考你 山羊做了什么？

A. 低下头靠近安格斯　　B. 昂起头远离安格斯　　C. 低下头远离安格斯

扫码对答案
领现金奖励

when the goat stopped, just in time!
当……的时候　山羊　停下　恰好　及时
dāng　　de shí hou　shān yáng　tíng xià　qià hǎo　jí shí

But — Zooom —
但是　嗡 — 嗡
dàn shì　wēng　wēng

安格斯迷路了

17

考考你　最终山羊及时做了什么？

A. 撞向安格斯　　　　B. 倒在了地上　　　　C. 停了下来

安
格
斯
迷
路
了

18

Came a CAR ,　　　coming at　　　Angus !
来　　汽车　　到达……旁　边　安格斯
lái　　qì chē　　dào dá　　　　 páng biān　ān gé sī

考考你　什么到达了安格斯的旁边?

A. 山羊　　　　　　　　B. 另一只狗　　　　　　　　C. 一辆汽车

扫码对答案
领现金奖励

"Wooof," said Angus.
　呜—呜—弗　说　安格斯
　wū　wū　fú　shuō ān gé sī

"Honk," said the car.
　滴　　说　汽车
　dī　　shuō　qì chē

"Wooof," said Angus.
　呜—呜—弗　说　安格斯
　wū　wū　fú　shuō ān gé sī

安格斯迷路了

考考你 什么发出了"Honk"的声音？
A. 山羊　　　　　　B. 安格斯　　　　　　C. 汽车

安格斯迷路了

20

And the car ran away.
汽车 开走了
qì chē kāi zǒu le

考考你 汽车最终做了什么?

A. 开走了　　　　　　　　B. 搭上了安格斯　　　　　　　　C. 一直停在那里

安格斯迷路了

21

Then DARK began to come and Angus saw two EYES looking from a tree. " Wooooooof ," said
黑夜 开始 到来　　安格斯 看见 两只 眼睛 从…… 看 树　　呜—呜—弗 说
hēi yè　kāi shǐ　dào lái　　ān gé sī　kàn jiàn　liǎng zhī　yǎn jing　cóng　　kàn　shù　wū wū fú　shuō

Angus and—
安格斯
ān gé sī

考考你 安格斯什么时候看见了两只眼睛？

A. 天黑了以后　　　　　　B. 天亮了以后　　　　　　C. 下雨的时候

安格斯迷路了

22

"Whooo-whooo," called the eyes.
呜呼—呜呼　呼喊　　眼睛
wū hū　wū hū　hū hǎn　yǎn jing
And Angus ran to find his house.
安格斯 跑　　找 它的 屋子
ān gé sī pǎo　　zhǎo tā de wū zi

考考你　安格斯跑去找什么？

A. 找眼睛　　　　B. 找屋子　　　　C. 找山羊

扫码对答案
领现金奖励

But SNOW came, and WIND came, and　　into　　a cave crawled Angus, and he waited,
但是　雪　到来　　风　到来　　到……里面　洞穴　爬行　安格斯　　它 等待
dàn shì　xuě　dào lái　　fēng dào lái　　dào　　lǐ miàn　dòng xué　pá xíng　ān gé sī　　tā děng dài

安格斯迷路了

考考你

安格斯在哪里躲避风雪？

A. 它的房子里　　　　　　　　B. 汽车里　　　　　　　　C. 洞穴里

安格斯迷路了

24

waited and waited until — DAY came.
等啊等　　直到　白天 到来
děng a děng　zhí dào　bái tiān dào lái

考考你 安格斯等到了什么时候？

A. 白天　　　　　　　　B. 黑夜　　　　　　　　C. 中午

安格斯迷路了

25

Rattle-rattle-clink-clink—
咔嗒—咔嗒—叮当—叮当—
kā dā　kā dā　dīng dāng　dīng dāng
There was the milkman．
在那里是　　送奶员
zài nà lǐ　shì　　sòng nǎi yuán

考考你　　一阵"咔嗒—叮当"声之后，谁来了？

A. 山羊　　　　　　　　B. 安格斯　　　　　　　　C. 送奶员

安格斯迷路了

26

Rattle-rattle-clink-clink-patter-patter .
咔嗒—咔嗒—叮 当—叮 当—嗒嗒—嗒嗒
　kā dā　　kā dā　　dīng dāng　 dīng dāng　 dā dā　　dā dā

安格斯迷路了

27

考考你 这是谁发出的声音？

A. 安格斯　　　　　　　　B. 送奶员　　　　　　　　C. 汽车

安格斯迷路了

28

Angus followed the milkman from door to door, from door to door until — at last Angus was
安格斯 跟随 送奶工 挨家挨户 挨家挨户 直到 最终 安格斯
ān gé sī gēn suí sòng nǎi gōng āi jiā āi hù āi jiā āi hù zhí dào zuì zhōng ān gé sī

home again!
回家 再次
huí jiā zài cì

考考你 安格斯跟着送奶员最终找到了哪里？

A. 山洞　　　　　　　　B. 马路　　　　　　　　C. 家

安格斯迷路了

29

Angus was glad to come back to the SAME YARD and the SAME HOUSE and
安格斯　　高兴的　　　回来　　　　　相同的 院子　　　　　相同的　房子
ān gé sī　　gāo xìng de　　huí lái　　　　xiāng tóng de yuàn zi　　xiāng tóng de　fáng zi

考考你 再次回到熟悉的环境，安格斯感受如何？
A. 厌倦　　　　　　　　　B. 难过　　　　　　　　　C. 高兴

安格斯迷路了

30

the SAME CAT and all the SAME THINGS he knew all about.
相同的猫　　　所有　　相同的　事物　　　知道 所有 关于
xiāng tóng de māo　suǒ yǒu　xiāng tóng de　shì wù　zhī dào suǒ yǒu guān yú

考考你 现在安格斯见到熟悉的猫了吗？

A. 见到了　　　　　　　　B. 没见到　　　　　　　　C. 不知道

英汉对译带拼音版

微信扫码关注公众号,回复"安格斯"听音频

Angus Lost

When winter came, Angus grew tired of the SAME YARD and the SAME HOUSE and the SAME CAT and all the SAME THINGS he knew all about.

Angus was curious about OTHER PLACES and OTHER THINGS, such as—where the milkman came from and where the wide road went to and what kind of animals CARS are and things like that.

So one day Angus slipped through the gate and—there he was on the wide road.

安格斯迷路了
ān gé sī mí lù le

冬天来了，安格斯一直待在同一座
dōng tiān lái le　ān gé sī yī zhí dāi zài tóng yī zuò

院子、同一所房子里，老是和同一只猫
yuàn zi　tóng yī suǒ fáng zi li　lǎo shì hé tóng yī zhī māo

玩，周围的一切都是相同的，它对这
wán　zhōu wéi de yī qiè dōu shì xiāng tóng de　tā duì zhè

种日子开始感到厌倦……
zhǒng rì zi kāi shǐ gǎn dào yàn juàn

安格斯对别的地方和其他事充满了好
ān gé sī duì bié de dì fang hé qí tā shì chōng mǎn le hào

奇，比如，送奶工是从哪儿来的呢，这宽
qí　bǐ rú　sòng nǎi gōng shì cóng nǎr lái de ne　zhè kuān

阔的马路通向何处，汽车是种什么样的
kuò de mǎ lù tōng xiàng hé chù　qì chē shì zhǒng shén me yàng de

怪物呢，等等。外面的一切都让它充
guài wù ne　děng děng　wài miàn de yī qiè dōu ràng tā chōng

满了好奇。
mǎn le hào qí

于是，有一天，安格斯从院门溜了
yú shì　yǒu yī tiān　ān gé sī cóng yuàn mén liū le

Angus looked up the road and he could see no end. Angus looked down the road and he could see no end.

Then ANOTHER dog came by.

"Woooof," said Angus.

"Grrrruf," called the OTHER dog.

Angus and the other dog ran together up the wide road.

Faster ran the other dog, faster ran Angus, but Angus's legs were TOO short.

Faster ran the other dog, faster ran Angus, but—the other dog's legs were TOO long. Around

出去——安格斯来到宽阔的马路边。
chū qù ān gé sī lái dào kuān kuò de mǎ lù biān

它朝路的上边看了看,望不到头;
tā cháo lù de shàng biān kàn le kàn wàng bù dào tóu

又往路的下边瞧了瞧,还是望不到头。
yòu wǎng lù de xià biān qiáo le qiáo hái shì wàng bù dào tóu

这时,另一只狗走了过来。
zhè shí lìng yī zhī gǒu zǒu le guò lái

"呜—呜—弗,"安格斯先打了个招呼。
wū wū fú ān gé sī xiān dǎ le gè zhāo hu

"格—鲁—弗,"那只狗回了个礼。
gé lǔ fú nà zhī gǒu huí le gè lǐ

安格斯跟那只狗一起跑到宽阔的马
ān gé sī gēn nà zhī gǒu yī qǐ pǎo dào kuān kuò de mǎ

路上。
lù shang

那只狗跑得越来越快,安格斯也跟着
nà zhī gǒu pǎo de yuè lái yuè kuài ān gé sī yě gēn zhe

跑得越来越快,可安格斯的腿太短了。
pǎo de yuè lái yuè kuài kě ān gé sī de tuǐ tài duǎn le

那只狗跑得更快,安格斯也跟得更
nà zhī gǒu pǎo de gèng kuài ān gé sī yě gēn de gèng

安格斯迷路了

the corner ran the other dog; around the corne ran Angus, but the other dog was GONE.

Instead there stood a stranger.

"Woooof," said Angus.

"Baa-aaaaa," said the GOAT.

"Woooof-woooof," said Angus.

But down went the head of the GOAT and its horns were coming close, closer to Angus—

when the goat stopped, just in time!

But—zooom—

快。可那只狗的腿太长了，它跑到一个
kuài kě nà zhī gǒu de tuǐ tài cháng le   tā pǎo dào yī gè

拐弯的地方，安格斯也跟到了拐弯处，
guǎi wān de dì fang   ān gé sī yě gēn dào le guǎi wān chù

可那只狗一会儿就不见了。
kě nà zhī gǒu yī huìr   jiù bù jiàn le

那里站着的却是一个陌生的家伙。
nà lǐ zhàn zhe de què shì yī gè mò shēng de jiā huo

"呜—呜—弗，"安格斯打了个招呼。
wū wū fú   ān gé sī dǎ le gè zhāo hu

"咩—咩—咩，"山羊回应道。
miē miē miē   shān yáng huí yìng dào

"呜—呜—弗，呜—呜—弗，"安格斯回礼。
wū wū fú wū wū fú   ān gé sī huí lǐ

但是山羊的头慢慢移了过来，羊
dàn shì shān yáng de tóu màn màn yí le guò lái   yáng

角离安格斯也越来越近了……
jiǎo lí ān gé sī yě yuè lái yuè jìn le

这时山羊停住了，停得好及时！
zhè shí shān yáng tíng zhù le   tíng de hǎo jí shí

突然传来一阵"嗡—嗡"的声音。
tū rán chuán lái yī zhèn wēng wēng de shēng yīn

Came a CAR, coming at Angus!

"Woooof," said Angus.

"Honk," said the car.

"Woooof," said Angus.

And the car ran away.

Then DARK began to come and Angus saw two EYES looking from a tree. "Woooooof," said Angus and—

"Whooo-whooo," called the eyes.

And Angus ran to find his house.

But SNOW came, and WIND came, and into a cave crawled Angus, and he waited,

一辆汽车朝安格斯开过来了！

"呜—呜—弗，"安格斯又打上招呼。

"滴—滴，"那汽车回应道。

"呜—呜—弗，"安格斯又回应了一下。

可是汽车一会儿开走了。

夜幕降临了，安格斯看见树上有一双眼睛正瞧着它。安格斯又是一阵

"呜—呜—呜—呜—弗"，

"呜呼—呜呼，"双眼回应道。

安格斯跑开了，想找回自己的家。

可是天下雪了，风也刮了起来，安格斯只好爬到一个洞里蜷着……它等啊，

安格斯迷路了

waited and waited until—DAY came.

Rattle-rattle-clink-clink—

There was the milkman.

Rattle—rattle—clink—clink—patter—patter.

Angus followed the milkman from door to door, from door to door until—at last Angus was home again!

Angus was glad to come back to the SAME YARD and the SAME HOUSE and the SAME CAT and all the SAME THINGS he knew all about.

等啊，等啊，直到——天终于亮了。
děng a děng a zhí dào tiān zhōng yú liàng le

咔嗒—咔嗒—叮当—叮当……
kā dā kā dā dīng dāng dīng dāng

送奶工来了。
sòng nǎi gōng lái le

咔嗒—咔嗒—叮当—叮当—嗒嗒—嗒
kā dā kā dā dīng dāng dīng dāng dā dā dā

嗒……
dā

安格斯在后面跟着送奶工，过了一
ān gé sī zài hòu miàn gēn zhe sòng nǎi gōng guò le yī

家又一家……他们挨家挨户地串着——安
jiā yòu yī jiā tā men āi jiā āi hù de chuàn zhe ān

格斯终于找回自己家了！
gé sī zhōng yú zhǎo huí zì jǐ jiā le

它非常高兴地回到了跟以前一模一
tā fēi cháng gāo xìng de huí dào le gēn yǐ qián yī mú yī

样的院子里，一模一样的房子，还有那
yàng de yuàn zi li yī mú yī yàng de fáng zi hái yǒu nà

只同样的猫，所有的一切都跟以前一模
zhī tóng yàng de māo suǒ yǒu de yī qiè dōu gēn yǐ qián yī mú

一样。
yī yàng

考考你

1. 安格斯为什么要离家出走？

   A. 厌倦身边熟悉的一切　　　B. 它需要外出寻求生活　　　C. 它要去找它的好朋友玩

2. 当安格斯再次归来，再次看见熟悉的一切是什么感受？

   A. 厌倦　　　　　　　　　　B. 高兴　　　　　　　　　　C. 麻木

3. 如果安格斯是个小孩，你认为用哪个词概述他更合适？

   A. 乖巧宝宝　　　　　　　　B. 调皮宝宝　　　　　　　　C. 好奇宝宝

扫码对答案
领现金奖励

安格斯迷路了

文学审美和鉴赏

孩童心理的迷失与回归及其教育意义

《安格斯迷路了》这个绘本故事以一只名叫安格斯的小狗为主角,描述了它在冒险过程中迷失方向,最终找回家的经历。通过对这一故事的鉴赏,我们可以深入了解孩童心理的迷失与回归,以及这一过程对孩子成长的启示。

孩童心理的迷失:故事中的安格斯对家中的一切感到厌倦,渴望去外面的世界探索。这种心理表现出孩子们对未知世界的好奇和向往,也反映了孩子在成长过程中对家庭环境的适应和

挑战。在这个阶段，孩子们需要关注和引导，帮助他们认识到家庭的重要性。

孩童心理的回归：安格斯在经历了种种困境后，重新找到了回家的路。这个过程揭示了孩子在面对外部挑战时，对家庭的依恋和渴求。家庭在孩子心中具有不可替代的地位，是他们心灵的归宿。因此，在孩子成长过程中，家庭的温暖和支持是至关重要的。

对孩子成长的启示：故事告诉我们，孩子们在成长过程中需要在家庭和社会间寻找平衡。家庭是孩子成长的基石，为他们提供情感支持和安全感；而社会则是孩子学习和成长的舞台，使他们学会面对挑战和困难。因此，家庭教育与社会教育相辅相成，共同促进孩子的全面发展。

教育意义：通过这个故事，我们可以向孩子传达探索精神、勇敢面对挑战、珍视家庭和感恩回报等价值观。在孩子成长过程中，家长和老师应当鼓励孩子勇敢尝试、克服困难，同时培养他们珍视家庭、懂得感恩的品质。这样，孩子们才能在家庭和社会的双重熏陶下，茁壮成长。

总之，《安格斯迷路了》这个绘本故事以生动的情节和富有启示性的主题，揭示了孩童心理的迷失与回归以及家庭与社会在孩子成长过程中的重要作用。对于家长和教育者来说，理解这些内涵并将其运用于孩子的教育实践中，将有助于培养孩子们全面发展的品质和能力。

培养孩子的独立性：故事中的安格斯在探险过程中学会了自我保护、独立思考和解决问题。这些品质对于孩子的成长至关重要。家长和老师应该鼓励孩子在安全的范围内尝试独立解决问题，培养他们的自主意识和独立能力。

增强孩子的适应能力：安格斯在迷路的过程中，面临了各种困难和挑战，不得不学会适应不同的环境。这种适应能力对于孩子在成长过程中具有重要意义。家长和教育者应关注孩子的心理发展，帮助他们适应不同环境，培养他们的抗压能力和应变能力。

重视心理健康教育：故事中的安格斯经历了心理的迷失和回归，这一过程揭示了孩子心理健康教育的重要性。家长和教育者应关注孩子的心理健康，为他们提供及时的心理指导和支持，帮助他们建立健康的心理素质。

通过对《安格斯迷路了》这个绘本故事的鉴赏，我们可以深入理解孩童心理的迷失与回归及其教育意义。在实际教育中，家长和教育者应关注孩子的心理成长，努力培养他们的独立性、适应能力和心理健康，帮助他们茁壮成长。

孩子成长过程中的探险与归宿

《安格斯迷路了》这个绘本故事通过安格斯的冒险和迷失，向我们展示了孩子在成长过程中的好奇心、勇敢和自我成长。本文将从以下几个方面对这个故事进行深入的分析和鉴赏。

孩子的好奇心：故事中，安格斯对未知的世界充满好奇，想要探索那些它不了解的地方和事物。这种好奇心是孩子成长过程中的天性，家长和教育者应该鼓励和满足孩子的好奇心，引导他们积极地去发现和了解世界。

勇敢面对挑战：在安格斯的探险过程中，它遇到了各种挑战，如陌生的动物和危险的环境。然而，它勇敢地面对这些挑战，不断尝试并最终找到了回家的路。这种勇敢面对挑战的精神值得孩子们学习，家长和教育者应教导孩子在面对困难时要有勇气迎难而上。

自我成长与适应能力：在安格斯的冒险过程中，它学会了应对各种突发情况，逐渐变得更加独立和成熟。这种自我成长和适应能力是孩子在成长过程中必须培养的品质。家长和教育者应引导孩子在面对挑战时学会独立思考和解决问题，培养他们的自主意识和适应能力。

家的温暖与归属感：在经历了一系列的冒险和挑战后，安格斯最终找到了回家的路。它对家的温暖和熟悉的事物产生了更加深厚的感情。这表明，无论孩子走得多远，家始终是他们心灵的归宿。家长和教育者应在孩子的成长过程中为他们提供一个充满爱和关怀的家庭环境，让他们始终感受到家的温暖和归属感。

　　总之，《安格斯迷路了》这个绘本故事通过生动的情节和富有启示性的主题，为我们呈现了孩子在成长过程中所经历的探险、挑战和自我成长。通过深入分析和鉴赏这个故事，我们可以更好地理解孩子的心理需求，从而为他们提供更有针对性的教育和关爱。同时，这个故事也提醒着家长和教育者，在孩子成长过程中要关注他们的心理健康，引导他们积极面对挑战，培养他们的自信和适应能力，以及在心灵深处营造一个充满温暖和归属感的家。

迷失与回归

——《安格斯迷路了》的人生启示与家庭观念

《安格斯迷路了》这个绘本故事以一只小狗安格斯为主角，生动地描述了它在探索外面世界的过程中所经历的迷茫与挑战。故事中，安格斯因为对自己所熟知的环境感到厌倦，决定去外面的世界寻求新鲜和刺激。然而，经历了种种险境后，它最终还是回到了熟悉的家园，重新找到了那份安稳与温暖。

这个故事所传达的深层意义恰好反映了许多现代家庭面临的问题。在快速发展的社会中，人们往往容易对熟悉的生活环境感到厌倦，从而去寻求新鲜事物与刺激经历。然而，正如安格斯在故事中的经历一样，外面的世界虽然充满了未知与惊奇，但同时也伴随着风险与挑战。只有在经历过这些困境后，人们才能真正意识到家庭的珍贵，重新认识到家庭所带来的安稳与温暖。

通过这个角度去分析《安格斯迷路了》这个绘本故事，我们可以教育孩子们在面对诱惑与挑战时要保持理智与谨慎。家庭作为一个重要的避风港，为我们提供了无尽的爱与关怀。无论外面的世界如何变幻莫测，家庭始终是我们归途中最温馨的港湾。因此，我们应该珍视和维护家庭关系，让家庭成为我们心灵的支柱和力量来源。

安格斯和猫

ANGUS AND THE CAT

THE ADVENTURES OF ANGUS
安格斯奇遇记（2）

［美］玛乔里·弗莱克 著
程来川 编

山东城市出版传媒集团·济南出版社

重难点单词表

单词	读音	释义	标记	频率
and	/ənd/	conj. 而且	Ⓐ①②③④⑤⑥⑦⑧⑨	11
cat	/kæt/	n. 猫	Ⓐ①②③④⑤⑥⑦⑧⑨	8
look	/lʊk/	v. 看，寻找	Ⓐ①②③④⑤⑥⑦⑧⑨	6
grow	/grəʊ/	v. 长大	Ⓐ①②③④⑤⑥⑦⑧⑨	4
high	/haɪ/	adj. 高的	Ⓐ①②③④⑤⑥⑦⑧⑨	4
way	/weɪ/	n. 方式	Ⓐ①②③④⑤⑥⑦⑧⑨	4
learn	/lɜːn/	v. 学会	Ⓐ①②③④⑤⑥⑦⑧⑨	4
stay	/steɪ/	v. 逗留	Ⓐ①②③④⑤⑥⑦⑧⑨	4
own	/əʊn/	adj. 自己的	Ⓐ①②③④⑤⑥⑦⑧⑨	4
yard	/jɑːd/	n. 院子	Ⓐ①②③④⑤⑥⑦⑧⑨	4
frog	/frɒg/	n. 青蛙	Ⓐ①②③④⑤⑥⑦⑧⑨	4
can	/kən/	modal v. 会	Ⓐ①②③④⑤⑥⑦⑧⑨	4
jump	/dʒʌmp/	v. 跳	Ⓐ①②③④⑤⑥⑦⑧⑨	4
but	/bʌt/	conj. 但是	Ⓐ①②③④⑤⑥⑦⑧⑨	4
after	/ˈɑːftə/	prep. 在……之后	Ⓐ①②③④⑤⑥⑦⑧⑨	4
lie	/laɪ/	v. 躺	Ⓐ①②③④⑤⑥⑦⑧⑨	3
sofa	/ˈsəʊfə/	n. 沙发	Ⓐ①②③④⑤⑥⑦⑧⑨	3
take	/teɪk/	v. 拿	Ⓐ①②③④⑤⑥⑦⑧⑨	3
food	/fuːd/	n. 食物	Ⓐ①②③④⑤⑥⑦⑧⑨	3
something	/ˈsʌmθɪŋ/	pron. 某种东西	Ⓐ①②③④⑤⑥⑦⑧⑨	3
indoors	/ˌɪnˈdɔːz/	adv. & adj. 室内(的)	Ⓐ①②③④⑤⑥⑦⑧⑨	3
outdoors	/ˌaʊtˈdɔːz/	adv. & adj. 户外(的)	Ⓐ①②③④⑤⑥⑦⑧⑨	3
curious	/ˈkjʊəriəs/	adj. 好奇的	Ⓐ①②③④⑤⑥⑦⑧⑨	3
leash	/liːʃ/	n. 狗绳	Ⓐ①②③④⑤⑥⑦⑧⑨	3

安格斯和猫

单词	读音	释义	标记	频率
short	/ʃɔːt/	adj. 短的	Ⓐ①②③④⑤⑥⑦⑧⑨	3
what	/wɒt/	pron. 什么	Ⓐ①②③④⑤⑥⑦⑧⑨	3
find	/faɪnd/	v. 发现	Ⓐ①②③④⑤⑥⑦⑧⑨	3
strange	/streɪndʒ/	adj. 陌生的	Ⓐ①②③④⑤⑥⑦⑧⑨	3
little	/ˈlɪtl/	adj. 小的	Ⓐ①②③④⑤⑥⑦⑧⑨	3
close	/kləʊz/	adj. 近的	Ⓐ①②③④⑤⑥⑦⑧⑨	3
up	/ʌp/	prep. 向上	Ⓐ①②③④⑤⑥⑦⑧⑨	3
onto	/ˈɒntuː/	prep. 到……上	Ⓐ①②③④⑤⑥⑦⑧⑨	3
arm	/ɑːm/	n. 扶手	Ⓐ①②③④⑤⑥⑦⑧⑨	3
box	/bɒks/	v. 击打	Ⓐ①②③④⑤⑥⑦⑧⑨	3
ear	/ɪə/	n. 耳朵	Ⓐ①②③④⑤⑥⑦⑧⑨	3
back	/bæk/	adv. 回到原处	Ⓐ①②③④⑤⑥⑦⑧⑨	3
mantel	/ˈmæntl/	n. 壁炉架	Ⓐ①②③④⑤⑥⑦⑧⑨	3
enough	/ɪˈnʌf/	adv. 足够地	Ⓐ①②③④⑤⑥⑦⑧⑨	3
reach	/riːtʃ/	v. 够着	Ⓐ①②③④⑤⑥⑦⑧⑨	3
try	/traɪ/	v. 试图	Ⓐ①②③④⑤⑥⑦⑧⑨	3
though	/ðəʊ/	conj. 尽管	Ⓐ①②③④⑤⑥⑦⑧⑨	3
table	/ˈteɪbl/	n. 桌子	Ⓐ①②③④⑤⑥⑦⑧⑨	2
sit	/sɪt/	v. 坐	Ⓐ①②③④⑤⑥⑦⑧⑨	2
special	/ˈspeʃəl/	adj. 专用的	Ⓐ①②③④⑤⑥⑦⑧⑨	2
square	/skweə/	n. 方块	Ⓐ①②③④⑤⑥⑦⑧⑨	2
sunshine	/ˈsʌnʃaɪn/	n. 阳光	Ⓐ①②③④⑤⑥⑦⑧⑨	2
wash	/wɒʃ/	v. 清洗	Ⓐ①②③④⑤⑥⑦⑧⑨	2
face	/feɪs/	n. 脸	Ⓐ①②③④⑤⑥⑦⑧⑨	2

安格斯和猫

单词	读音	释义	标记	频率
completely	/kəmˈpliːtli/	adv. 彻底地	Ⓐ①②③④⑤⑥⑦⑧⑨	2
under	/ˈʌndə/	prep. 在……之下	Ⓐ①②③④⑤⑥⑦⑧⑨	2
bed	/bed/	n. 床	Ⓐ①②③④⑤⑥⑦⑧⑨	2
there	/ðeə/	adv. 在那里	Ⓐ①②③④⑤⑥⑦⑧⑨	2
window	/ˈwɪndəʊ/	n. 窗户	Ⓐ①②③④⑤⑥⑦⑧⑨	2
could	/kʊd/	modal v. 能够	Ⓐ①②③④⑤⑥⑦⑧⑨	2
see	/siː/	v. 看见	Ⓐ①②③④⑤⑥⑦⑧⑨	2
anywhere	/ˈeniweə/	adv. 在任何地方	Ⓐ①②③④⑤⑥⑦⑧⑨	2
balloon	/bəˈluːn/	n. 气球	Ⓐ①②③④⑤⑥⑦⑧⑨	2
so	/səʊ/	conj. 因此	Ⓐ①②③④⑤⑥⑦⑧⑨	2
miss	/mɪs/	v. 想念	Ⓐ①②③④⑤⑥⑦⑧⑨	2
hear	/hɪə/	v. 听见	Ⓐ①②③④⑤⑥⑦⑧⑨	2
glad	/glæd/	adj. 高兴的	Ⓐ①②③④⑤⑥⑦⑧⑨	2
noise	/nɔɪz/	n. 响声	Ⓐ①②③④⑤⑥⑦⑧⑨	2
again	/əˈgeɪn/	adv. 再一次	Ⓐ①②③④⑤⑥⑦⑧⑨	2
as	/æz/	conj. 随着	Ⓐ①②③④⑤⑥⑦⑧⑨	2
now	/naʊ/	adv. 现在	Ⓐ①②③④⑤⑥⑦⑧⑨	2
never	/ˈnevə/	adv. 从未	Ⓐ①②③④⑤⑥⑦⑧⑨	2
also	/ˈɔːlsəʊ/	adv. 也	Ⓐ①②③④⑤⑥⑦⑧⑨	2
each day		每一天	Ⓐ①②③④⑤⑥⑦⑧⑨	2
somebody else		别人	Ⓐ①②③④⑤⑥⑦⑧⑨	2
things like that		类似的事情	Ⓐ①②③④⑤⑥⑦⑧⑨	2
at nap time		在午睡时间	Ⓐ①②③④⑤⑥⑦⑧⑨	2
window sill		窗台	Ⓐ①②③④⑤⑥⑦⑧⑨	2

安格斯和猫

英语单词随文释义版

扫码听音频，想听哪里点哪里

安格斯和猫

6

Each day as Angus grew older he grew longer but not much higher . Scottie dogs
每一天 随着 安格斯 长大 它 长得更长 但是 没有长得更高 苏格兰犬
měi yī tiān suí zhe ān gé sī zhǎng dà tā zhǎng de gèng cháng dàn shì méi yǒu zhǎng de gèng gāo sū gé lán quǎn

grow that way.
长大 以那种 方式
zhǎng dà yǐ nà zhǒng fāng shì

考考你 随着长大，安格斯的身形发生了什么变化？

A. 更长更高 B. 更高但是不长 C. 更长但是不高

扫码对答案
领现金奖励

安格斯和猫

7

Now as Angus grew older and longer he learned MANY THINGS.
现 在 随着 安格斯 成 长　　更 长 它 学会 许多　事 情
xiàn zài suí zhe ān gé sī chéng zhǎng   gèng cháng tā xué huì xǔ duō shì qing

考考你 随着长大，安格斯学到了什么？

A. 许多事情　　　　　　B. 一点东西　　　　　　C. 什么也没学到

安格斯和猫

He learned it is best to stay in one's own yard and frogs can jump but not to jump after
它认识到 最好的 逗留 自己的 院子 青蛙会 跳 但是 在……之后
tā rèn shi dào zuì hǎo de dòu liú zì jǐ de yuàn zi qīng wā huì tiào dàn shì zài zhī hòu

them and
它们
tā men

考考你 安格斯意识到最好做什么事?

A. 什么都不做 B. 待在自家院子里 C. 跟着青蛙跳

安格斯和猫

9

balloons go—
气球
qì qiú

考考你

你知道"balloon"是什么意思吗？

A. 爆炸　　　　　　　B. 气球　　　　　　　C. 汽车

安格斯和猫

10

POP!
砰 的 一 声
pēng de yī shēng

考考你　"POP"一声后发生什么事了？

A. 气球爆炸了　　　　B. 安格斯掉水里了　　　　C. 安格斯摔跤了

扫码对答案
领现金奖励

安格斯和猫

11

Angus also learned not to lie on the sofa and not to take somebody else's food
安格斯 还 认识到 不要 躺 在沙发上 不要 拿 别人的 食物
ān gé sī hái rèn shi dào bù yào tǎng zài shā fā shang bù yào ná bié rén de shí wù

and things like that.
类似的事情
lèi sì de shì qing

考考你 哪件事不是安格斯认为不能做的？

A. 躺在沙发上　　　B. 拿别人的食物　　　C. 玩气球

安格斯和猫

12

But there was SOMETHING outdoors Angus was very curious about but had never
但是 有 某种 东西 户外的 安格斯 对……好奇 从未
dàn shì yǒu mǒu zhǒng dōng xi hù wài de ān gé sī duì hào qí cóng wèi

learned about,
了解
liǎo jiě

考考你 安格斯对哪里的事物充满了好奇？

A. 户外 B. 家里 C. 沙发上

扫码对答案
领现金奖励

and that was CATS.
　　那　是　猫
　　nà　shì　māo

The　leash　was TOO　short.
　　狗绳　　　　太　短了
　　gǒu shéng　　tài　duǎn le

考考你 安格斯对什么从来不曾了解过？

A. 绳子　　　　　　　B. 其他的狗　　　　　　　C. 猫

安格斯和猫

13

安格斯和猫

14

Until one day WHAT should Angus find INDOORS lying on the sofa but a strange little CAT!
直到 有一天 什么 发现 在室内 躺 在沙发上 陌生的 小的 猫
zhí dào yǒu yī tiān shén me　　　　fā xiàn zài shì nèi tǎng zài shā fā shang　mò shēng de xiǎo de māo

考考你　小猫躺在哪里？

A. 沙发下　　　　　B. 沙发上　　　　　C. 树荫下

扫码对答案
领现金奖励

安格斯和猫

Angus came closer —
安格斯 靠近 了 一些
ān gé sī kào jìn le yī xiē

The CAT sat up.
猫 坐 起来
māo zuò qǐ lái

Angus came closer —
安格斯 走 得 更 近
ān gé sī zǒu de gèng jìn

Up jumped the CAT onto the arm of the sofa.
向 上 跳跃 猫 到…… 上 扶手 沙发
xiàng shàng tiào yuè māo dào shang fú shǒu shā fā

考考你 当安格斯靠近的时候，猫做了什么？

A. 坐下去了　　　　B. 坐起来了　　　　C. 什么也没做

安格斯和猫

16

Angus came closer and—
安格斯 靠近了 一些
ān gé sī kào jìn le yī xiē

Siss-s-s-s-s !!!
嘶——嘶——嘶
sī   sī   sī

The little CAT boxed Angus's ears !
　小的　猫　击打 安格斯的 耳朵
　xiǎo de māo jī dǎ ān gé sī de ěr duo

考考你 当安格斯第三次靠近的时候，猫做了什么？

A. 跑出了家门　　　　B. 打了安格斯　　　　C. 跳到了沙发的扶手上

扫码对答案
领现金奖励

安格斯和猫

17

"Woo-oo-oof-Woo-oo-oof!" said Angus .
呜——呜——呜——呜——呜——呜 说 安格斯
wū　　wū　　wū　　wū　　wū　　wū　shuō ān gé sī

Up   jumped the CAT   onto   the sofa   back,   up to the mantel—and Angus was not
向 上   跳跃   猫   到……   上   沙发 回到原处   跳上 壁炉架   安格斯
xiàng shàng tiào yuè māo dào   shang shā fā huí dào yuán chù tiào shàng bì lú jià ān gé sī

high enough to reach her!
高的 足够地   够着 它
gāo de zú gòu de gòu zháo tā

考考你 猫去了哪里，安格斯就够不着了？

A. 沙发上　　　　　　　B. 壁炉上　　　　　　　C. 窗台上

安格斯和猫

18

But	at lunchtime	down	she came	to	try and take	Angus's	food	—though not	for long —
但是	在午饭时间	下来	它		试图 吃	安格斯的	食物	尽管	长久地
dàn shì	zài wǔ fàn shí jiān	xià lái	tā		shì tú chī	ān gé sī de	shí wù	jǐn guǎn	cháng jiǔ de

考考你

在午饭时间猫做了什么？

A. 吃了安格斯的食物　　B. 送给了安格斯食物　　C. 和安格斯共进午餐

安格斯和猫

19

up	she jumped	onto	the table,	and	Angus	was not	high enough	to reach her!
向上	它 跳跃	到……上	桌子		安格斯		高的 足够地	够着 它
xiàng shàng	tā tiào yuè	dào shang	zhuō zi		ān gé sī		gāo de zú gòu de	gòu zháo tā

考考你 猫跳上桌子之后，发生了什么？

A. 安格斯就打着它了 B. 它就开始洗脸 C. 安格斯依然够不着它

安格斯和猫

At nap time　there she was sitting in　Angus's own　special　square of sunshine—WASHING
在午睡时间　　　　　它　　　坐　安格斯自己的　专用的　方块　　阳 光　　清洗
zài wǔ shuì shí jiān　　　　tā　　　zuò　ān gé sī zì jǐ de　zhuān yòng de　fāng kuài　yáng guāng　qīng xǐ

HER FACE,
它的　脸
tā de　liǎn

考考你 猫在哪里洗脸?

A. 在安格斯晒太阳的专用地　　B. 在水池边　　C. 在桌子上

though not　for long —
虽然　　　长 久 地
suī rán　　cháng jiǔ de

考考你　猫占用了安格斯的地盘多长时间？
A. 半天时间　　　　B. 很长时间　　　　C. 不长时间

安格斯和猫

21

安格斯和猫

22

up she jumped　　onto　　the window sill, and Angus　was not　high enough to　reach her!
跳跃 到……　上　　　窗台　　　安格斯　　　　高的足够地　　够着它
tiào yuè dào　　shang　　chuāng tái　　ān gé sī　　　gāo de zú gòu de　gòu zháo tā

考考你 当猫跳到窗台上后，安格斯能够着它了吗？

A. 不能　　　　　B. 能　　　　　C. 安格斯没有尝试

安格斯和猫

23

For THREE whole days Angus was very busy chasing that cat, but she always went up
整整三天　　　　安格斯　　非常　忙碌的　追赶　　猫　但是它 总是 跳上去
zhěng zhěng sān tiān　ān gé sī　fēi cháng máng lù de zhuī gǎn　māo dàn shì tā zǒng shì tiào shàng qù

out of reach until on the fourth day he chased her UP-THE-STAIRS into the BEDROOM
够不着　　直到　在第四天　　它 追赶 它　　上楼梯　　进入　　卧室
gòu bù zháo　zhí dào　zài dì sì tiān　tā zhuī gǎn tā　shàng lóu tī　jìn rù　wò shì

考考你 在第几天猫把安格斯追到了卧室里？

A. 第二天　　　　　　B. 第三天　　　　　　C. 第四天

安格斯和猫

24

and she was completely GONE !
它　　　彻底地　不见了
tā　　　chè dǐ de　bù jiàn le

Angus　looked　　under　　the　bed　—　NO　CAT　was　there．
安格斯　　看　　在……之下　　床　　　没有　猫　　在那里
ān gé sī　kàn　　zài　　zhī xià　chuáng　méi yǒu　māo　zài nà lǐ

考考你　进入卧室之后，发生了什么？

A. 安格斯不见了　　　　B. 猫不见了　　　　C. 安格斯抓住了猫

扫码对答案
领现金奖励

安格斯和猫

25

Angus　looked out of　the window into　his　yard，
安格斯 从 …… 往 外 看　　窗 户　　它 的 院 子
ān gé sī cóng　　wǎng wài kàn　　chuāng hu　　tā de yuàn zi

考考你　安格斯看向了哪里去寻找猫？

A. 院子里　　　　　　B. 屋顶上　　　　　　C. 大街上

into the next yard —no CAT could he see ANYWHERE.
　　隔壁的 院子　　　猫　能够　看见 任何地方
　　gé bì de yuàn zi　　māo néng gòu　kàn jiàn rèn hé dì fang

考考你 猫在隔壁院子里吗？

A. 在　　　　　　B. 不在　　　　　　C. 可能在

安格斯和猫

27

Angus went DOWN-THE-STAIRS.
安格斯　　　　走下楼梯
ān gé sī　　　 zǒu xià lóu tī

考考你　安格斯从什么上面下来了？

A. 楼梯　　　　B. 沙发　　　　C. 窗台

安格斯和猫

28

He looked on the sofa —no CAT was there .
它　看　　　沙发　　　猫　　　在那里
tā　kàn　　　shā fā　　māo　　zài nà lǐ

He looked on the mantel —no CAT was there .
它　看　　　壁炉架上　　　猫　　　在那里
tā　kàn　　　bì lú jià shang　māo　　zài nà lǐ

Angus looked on the table and on the window sills—no CAT was indoors ANYWHERE.
安格斯　看　　桌子　　　　　　窗台　　猫　　在室内　任何地方
ān gé sī　kàn　　zhuō zi　　　　chuāng tái　māo　zài shì nèi　rèn hé dì fang

考考你 安格斯在哪里找到了猫？

A. 沙发上　　　　　B. 壁炉上　　　　　C. 哪里都没有

So Angus was ALL-ALONE. There was no CAT to box his ears. There was no CAT to take
因此 安格斯　　孤身一人的　　　没有　猫　击打它的耳朵　　　　没有　猫　吃
yīn cǐ ān gé sī　　gū shēn yī rén de　　méi yǒu　māo　jī dǎ tā de ěr duo　　méi yǒu　māo　chī

his food. There was no CAT to sit in his sunshine. There was no CAT to chase away. So Angus was
它的食物　　没有　猫　坐　阳光　　　　没有　猫　　赶走　　因此 安格斯
tā de shí wù　méi yǒu　māo　zuò　yáng guāng　méi yǒu　māo　gǎn zǒu　yīn cǐ ān gé sī

ALL-ALONE and he had nothing-to-do!
孤身一人的　　它　无事可做
gū shēn yī rén de　　tā　wú shì kě zuò

Angus missed the little CAT.
安格斯 想念　　小的　猫
ān gé sī xiǎng niàn　xiǎo de　māo

考考你　此时，安格斯对猫的感情是什么？

A. 想念的　　　　　B. 讨厌的　　　　　C. 厌倦的

安格斯和猫

29

扫码对答案
领现金奖励

安格斯和猫

30

But — at lunchtime he heard this noise:
但是　　在午饭时间　它　听见　这个　响　声
dàn shì　　zài wǔ fàn shí jiān　tā　tīng jiàn　zhè ge　xiǎng shēng

PURRRRR—
喵 呜
miāo wū

考考你 安格斯什么时候听到了"喵呜"的声音？

A. 早起时候　　　　　　B. 午饭时间　　　　　　C. 晚饭时间

安格斯和猫

31

And   there   she was again.
而且 在那里 它   再次
ér qiě zài nà lǐ tā   zài cì

考考你 你觉得这里的"she"是指谁？
A. 安格斯　　　　　B. 女主人　　　　　C. 猫

安格斯和猫

32

And Angus knew and the CAT knew that Angus knew that— Angus was GLAD the
　　安格斯　知道　　　　猫　　知道　　　　安格斯　知道　　　　安格斯　　　　高兴的
　　ān gé sī　zhī dào　　　māo　zhī dào　　　ān gé sī　zhī dào　　　ān gé sī　　　gāo xìng de

cat came back!
猫　回来
māo　huí lái

考考你　最终猫回来了吗？

A. 回来了　　　　　　　B. 没回来　　　　　　　C. 文中没提到

扫码对答案
领现金奖励

英汉对译带拼音版

微信扫码关注公众号，回复"安格斯"听音频

Angus and the Cat

Each day as Angus grew older he grew longer but not much higher. Scottie dogs grow that way.

Now as Angus grew older and longer he learned MANY THINGS.

He learned it is best to stay in one's own yard and frogs can jump but not to jump after them and

balloons go—

POP!

安格斯和猫
ān gé sī hé māo

日子一天天过去，安格斯慢慢地长
rì zi yī tiān tiān guò qù ān gé sī màn màn de zhǎng

大了。它的身子变长了不少，但个子
dà le tā de shēn zi biàn cháng le bù shǎo dàn gè zi

并没有长得很高。这种苏格兰犬长
bìng méi yǒu zhǎng de hěn gāo zhè zhǒng sū gé lán quǎn zhǎng

得就是这样。
de jiù shì zhè yàng

现在，随着安格斯年龄变大，身子
xiàn zài suí zhe ān gé sī nián líng biàn dà shēn zi

变长，它学会了很多东西。
biàn cháng tā xué huì le hěn duō dōng xi

它知道，最好是待在自己的院子里。它
tā zhī dào zuì hǎo shì dāi zài zì jǐ de yuàn zi li tā

也知道，青蛙会跳，但千万不能跟在
yě zhī dào qīng wā huì tiào dàn qiān wàn bù néng gēn zài

青蛙后面跳，不然……
qīng wā hòu miàn tiào bù rán

它还知道，气球会……
tā hái zhī dào qì qiú huì

"砰"的一声爆炸！
pēng de yī shēng bào zhà

Angus also learned not to lie on the sofa and not to take somebody else's food and things like that.

But there was SOMETHING outdoors Angus was very curious about but had never learned about, and that was CATS.

The leash was TOO short.

Until one day WHAT should Angus find INDOORS lying on the sofa but a strange little CAT!

Angus came closer—

The CAT sat up.

Angus came closer—

安格斯还知道，不能躺在沙发上，不
ān gé sī hái zhī dào   bù néng tǎng zài shā fā shang   bù
能抢别人吃的东西，诸如此类的事……
néng qiāng bié rén chī de dōng xi   zhū rú cǐ lèi de shì

但是屋外有个家伙，真的让安格斯很
dàn shì wū wài yǒu gè jiā huo   zhēn de ràng ān gé sī hěn
好奇。它以前从没听说过这家伙，
hào qí   tā yǐ qián cóng méi tīng shuō guo zhè jiā huo
那就是猫。
nà jiù shì māo

可是拴在它身上的狗绳太短了。
kě shì shuān zài tā shēn shang de gǒu shéng tài duǎn le

有一天，安格斯在屋里发现，沙发上
yǒu yī tiān   ān gé sī zài wū li fā xiàn   shā fā shang
躺着一只陌生的小猫！
tǎng zhe yī zhī mò shēng de xiǎo māo

安格斯靠近一点——
ān gé sī kào jìn yī diǎn

猫坐了起来。
māo zuò le qǐ lái

安格斯又走近一点，
ān gé sī yòu zǒu jìn yī diǎn

安格斯和猫

35

Up jumped the CAT onto the arm of the sofa.

Angus came closer and—

Siss-s-s-s-s-s!!!

The little CAT boxed Angus's ears!

"Woo-oo-oof-Woo-oo-oof!" said Angus.

Up jumped the CAT onto the sofa back, up to the mantel—and Angus was not high enough to reach her!

But at lunchtime down she came to try and take Angus's food—though not for long—

猫一下子跳到了沙发的扶手上。
māo yī xià zi tiào dào le shā fā de fú shǒu shang

安格斯再靠近一点——
ān gé sī zài kào jìn yī diǎn

嘶——嘶!
sī   sī

小猫用爪子朝安格斯的耳朵用力
xiǎo māo yòng zhuǎ zi cháo ān gé sī de ěr duo yòng lì

一击!
yī jī

"呜——呜——呜弗——呜——呜——呜弗!"
wū   wū   wū fú   wū   wū   wū fú

安格斯抗议了。
ān gé sī kàng yì le

小猫又跳回到沙发上,蹦到壁炉架
xiǎo māo yòu tiào huí dào shā fā shang   bèng dào bì lú jià

上——安格斯没长这么高,够不着它了!
shang   ān gé sī méi zhǎng zhè me gāo   gòu bù zháo tā le

到了吃午饭的时候,猫儿又下来了,
dào le chī wǔ fàn de shí hou   māor   yòu xià lái le

想吃安格斯的食物——尽管它只吃了一
xiǎng chī ān gé sī de shí wù   jǐn guǎn tā zhǐ chī le yī

up she jumped onto the table, and Angus was not high enough to reach her!

At nap time there she was sitting in Angus's own special square of sunshine—WASHING HER FACE, though not for long—up she jumped onto the window sill, and Angus was not high enough to reach her!

For THREE whole days Angus was very busy chasing that cat, but she always went up out of reach until on the fourth day he chased her UP-THE-STAIRS into the BEDROOM

and she was completely GONE!

会儿。
huìr

它又跳到了桌子上，但安格斯没
tā yòu tiào dào le zhuō zi shang dàn ān gé sī méi

长这么高，够不着它！
zhǎng zhè me gāo gòu bù zháo tā

当安格斯打盹时，猫又占据了安格斯
dāng ān gé sī dǎ dǔn shí māo yòu zhàn jù le ān gé sī

专门晒太阳的方块地儿——洗把脸儿，
zhuān mén shài tài yáng de fāng kuài dìr   xǐ bǎ liǎnr

然而只呆了一会儿，它又跳到窗台上，
rán ér zhǐ dāi le yī huìr tā yòu tiào dào chuāng tái shang

安格斯没长这么高，又够不着了！
ān gé sī méi zhǎng zhè me gāo yòu gòu bù zháo le

整整三天时间，安格斯一直忙着
zhěng zhěng sān tiān shí jiān ān gé sī yī zhí máng zhe

追逐那猫儿，但它总是跳到安格斯够不
zhuī zhú nà māor dàn tā zǒng shì tiào dào ān gé sī gòu bù

着的地方。直到第四天，安格斯在楼上
zháo de dì fang zhí dào dì sì tiān ān gé sī zài lóu shang

将它追到了一间卧室里，
jiāng tā zhuī dào le yī jiān wò shì li

可是猫儿彻底不见了！
kě shì māor chè dǐ bù jiàn le

安格斯和猫

37

Angus looked under the bed—NO CAT was there.

Angus looked out of the window into his yard, into the next yard—no CAT could he see ANYWHERE.

Angus went DOWN-THE-STAIRS.

He looked on the sofa—no CAT was there.

He looked on the mantel—no CAT was there.

Angus looked on the table and on the window sills—no cat was indoors ANYWHERE.

So Angus was ALL-ALONE. There was no

安格斯朝床底下看了看——
ān gé sī cháo chuáng dǐ xia kàn le kàn

根本没有什么猫啊!
gēn běn méi yǒu shén me māo a

安格斯望向窗外,看了看院子
ān gé sī wàng xiàng chuāng wài kàn le kàn yuàn zi

里,然后又看了看隔壁家的院子——根本
li rán hòu yòu kàn le kàn gé bì jiā de yuàn zi gēn běn

见不着猫的影子。
jiàn bù zháo māo de yǐng zi

安格斯下楼来,
ān gé sī xià lóu lái

它看了看沙发上——没见到猫儿。
tā kàn le kàn shā fā shang méi jiàn dào māor

又瞅了瞅壁炉架上——也不见
yòu chǒu le chǒu bì lú jià shang yě bù jiàn

猫儿。
māor

安格斯巡视桌上、窗台上——屋
ān gé sī xún shì zhuō shang chuāng tái shang wū

里哪个地方也找不着猫!
li nǎ ge dì fang yě zhǎo bù zháo māo

安格斯这下彻底孤独了。再没有猫来
ān gé sī zhè xià chè dǐ gū dú le zài méi yǒu māo lái

CAT to box his ears. There was no CAT to take his food. There was no CAT to sit in his sunshine. There was no CAT to chase away. So Angus was ALL-ALONE and he had nothing-to-do!

Angus missed the little CAT.

But—at lunchtime he heard this noise:

"PURRRRR—"

And there she was again.

And Angus knew and the CAT knew that An-gus knew that—Angus was GLAD the cat came back!

打它的耳朵，再没有猫偷吃它的东西，再
dǎ tā de ěr duo   zài méi yǒu māo tōu chī tā de dōng xi   zài

没有猫抢占它晒太阳的地儿，也再没
méi yǒu māo qiǎng zhàn tā shài tài yáng de dìr   yě zài méi

有猫来追赶了。安格斯彻底孤独了，闲得
yǒu māo lái zhuī gǎn le   ān gé sī chè dǐ gū dú le   xián de

无事可做。
wú shì kě zuò

安格斯心里惦记起小猫了。
ān gé sī xīn li diàn jì qǐ xiǎo māo le

但是——到了午餐时间，它听到了一
dàn shì   dào le wǔ cān shí jiān   tā tīng dào le yī

种响声：
zhǒng xiǎng shēng

喵呜——喵呜……
miāo wū   miāo wū

猫儿又来了。
māor   yòu lái le

安格斯知道猫的心事，猫儿也知道安
ān gé sī zhī dào māo de xīn shì   māor   yě zhī dào ān

格斯心里想些什么——
gé sī xīn li xiǎng xiē shén me

安格斯看到猫儿回来了，真的很高兴！
ān gé sī kàn dào māor huí lái le   zhēn de hěn gāo xìng

安格斯和猫

考考你

1. 在猫离开的日子安格斯感觉怎样？

    A．开心　　　　　　　B．孤独　　　　　　　C．沮丧

2. 当猫再次归来，安格斯是什么情感？

    A．高兴　　　　　　　B．愤怒　　　　　　　C．失落

3. 你认为安格斯最后把猫当成了什么？

    A．敌人　　　　　　　B．对手　　　　　　　C．朋友

扫码对答案
领现金奖励

文学审美和鉴赏

相互陪伴的友谊

  《安格斯和猫》是一部温馨有趣的绘本故事，讲述了一只名叫安格斯的小狗与一只小猫相互陪伴、共同成长的日子。这个故事不仅适合儿童阅读，还能给成年人带来启示。本文将从故事情节、人物塑造、主题思考三个方面对《安格斯和猫》进行赏析。

一、故事情节与人物塑造

  《安格斯和猫》的故事情节简洁有趣。安格斯是一只好奇心旺盛的小狗，随着日子一天天过去，它不仅变得越来越长，还学会了很多生活常识。然而，它一直对猫充满好奇。一天，安格斯在家里发现了一只小猫，从此，它们开始了一段相互陪伴的日子。

在人物塑造方面，安格斯和猫的形象都非常鲜明。安格斯好奇心旺盛、活泼可爱，而猫则机灵狡猾，两者形成了鲜明的对比。这种对比不仅让故事更具趣味性，还为读者带来了不少启示。

二、主题思考

1. 友谊与陪伴

《安格斯和猫》的主题之一是友谊与陪伴。虽然安格斯和猫在性格和习性上有很大差异，但它们在相互陪伴中建立了深厚的友谊。这一主题告诉我们，即使彼此不同，也能成为好朋友，共同度过美好时光。

2. 成长与学习

安格斯在与猫相处的过程中，学会了如何与不同的伙伴相处，也更加珍惜彼此的陪伴。这个过程是一个成长与学习的过程，这一主题启示我们要善于与他人相处，不断地学习与成长。

三、结语

《安格斯和猫》展示了一段温馨有趣的故事，安格斯与猫的相互陪伴和共同成长，让我们在轻松愉快的阅读中领略到友谊与陪伴的力量。这部作品不仅适合儿童阅读，对成年人也有很大的启示作用。让我们从这个故事中汲取智慧，珍惜友谊，勇敢面对生活，不断成长。

《安格斯和猫》是一部充满智慧与温馨的绘本作品。故事以富有哲理的笔触，讲述了主人公安格斯与一只猫的奇妙友谊。这部作品通过对动物世界的生动刻画，传递出了对人性、成长、友谊与陪伴的深刻思考，赢得了广泛的好评。

安格斯和猫：一个欢乐的相爱相杀故事

《安格斯和猫》这个绘本故事讲述了一只好奇的苏格兰梗犬（安格斯）和一只小猫之间发生的一段趣事。作品以宠物间的友谊和相互关爱为主题，透过安格斯和小猫之间的相爱相杀，引导读者思考友情的价值和接纳他人的重要性。

故事中，作者成功地塑造了安格斯这个富有个性的角色。它天真无邪，富有好奇心，对周围的世界充满了探索欲望。同时，小猫的形象也颇具特色，它聪明、狡猾，具有动物独有的本能。安格斯是一个充满好奇心的小狗，对于猫这种生物充满了探索欲望。而当安格斯终于有机会与

一只小猫互动时，两者之间的关系并非一帆风顺。尽管安格斯和小猫在相处过程中出现了一些摩擦，如小猫常常挑逗安格斯、抢它的食物，但这样的纠缠却为安格斯的生活增色不少。

故事通过描述安格斯和小猫的相爱相杀，向读者展示了友谊中的喜怒哀乐。这种关系表现为一种深厚的感情，即使在争吵和挑逗中也能感受到宠物间的友爱。当小猫突然消失时，安格斯感到孤独和无聊，这说明它已经习惯了小猫的存在，对它产生了深厚的感情。而当小猫再次出现时，安格斯对于猫的归来感到高兴，这无疑是一种真挚的友谊。

这个故事以简练的文字和生动的描绘展现了动物间的情感纽带，让读者对友谊有了更深刻的理解。安格斯和猫这段欢乐的相爱相杀经历，提醒我们在生活中珍惜友谊，学会接纳他人，即使他人偶尔会让我们感到恼火。

总之，《安格斯和猫》是一个生动有趣的故事，通过讲述安格斯和小猫之间的相爱相杀，让我们重新审视友谊的真谛。这是一部充满温情和教益的佳作，值得我们细细品味。

安格斯和鸭子
ANGUS AND THE DUCKS

THE ADVENTURES OF ANGUS
安格斯奇遇记 (3)

[美] 玛乔里·弗莱克 著
程来川 编

山东城市出版传媒集团·济南出版社

重难点单词表

单词	读音	释义	标记	频率
duck	/dʌk/	n. 鸭子	Ⓐ①②③④⑤⑥⑦⑧⑨	4
dark	/dɑːk/	adj. 黑暗的	Ⓐ①②③④⑤⑥⑦⑧⑨	3
who	/huː/	pron. 谁	Ⓐ①②③④⑤⑥⑦⑧⑨	3
mirror	/ˈmɪrə/	n. 镜子	Ⓐ①②③④⑤⑥⑦⑧⑨	2
apart	/əˈpɑːt/	adv. 分离	Ⓐ①②③④⑤⑥⑦⑧⑨	2
those	/ðəʊz/	pron. 那些	Ⓐ①②③④⑤⑥⑦⑧⑨	2
slipper	/ˈslɪpə/	n. 拖鞋	Ⓐ①②③④⑤⑥⑦⑧⑨	2
gentleman	/ˈdʒentlmən/	n. 绅士	Ⓐ①②③④⑤⑥⑦⑧⑨	2
suspender	/səˈspendə/	n. 吊裤带	Ⓐ①②③④⑤⑥⑦⑧⑨	2
much	/mʌtʃ/	pron. 许多	Ⓐ①②③④⑤⑥⑦⑧⑨	2
them	/ðəm/	pron. 它们	Ⓐ①②③④⑤⑥⑦⑧⑨	2
leash	/liːʃ/	n. 狗绳	Ⓐ①②③④⑤⑥⑦⑧⑨	2
fasten	/ˈfɑːsən/	v. 系牢	Ⓐ①②③④⑤⑥⑦⑧⑨	2
end	/end/	n. 末端	Ⓐ①②③④⑤⑥⑦⑧⑨	2
collar	/ˈkɒlə/	n. 颈圈	Ⓐ①②③④⑤⑥⑦⑧⑨	2
neck	/nek/	n. 脖子	Ⓐ①②③④⑤⑥⑦⑧⑨	2
other	/ˈʌðə/	adj. 另外的	Ⓐ①②③④⑤⑥⑦⑧⑨	2
all	/ɔːl/	pron.&adj. 全部(的)	Ⓐ①②③④⑤⑥⑦⑧⑨	2
noise	/nɔɪz/	n. 声音	Ⓐ①②③④⑤⑥⑦⑧⑨	2
green	/griːn/	adj. 绿色的	Ⓐ①②③④⑤⑥⑦⑧⑨	2
hedge	/hedʒ/	n. 树篱	Ⓐ①②③④⑤⑥⑦⑧⑨	2
garden	/ˈgɑːdn/	n. 花园	Ⓐ①②③④⑤⑥⑦⑧⑨	2
usually	/ˈjuːʒuəli/	adv. 通常地	Ⓐ①②③④⑤⑥⑦⑧⑨	2
sound	/saʊnd/	v. 听起来	Ⓐ①②③④⑤⑥⑦⑧⑨	2

安格斯和鸭子

单词	读音	释义	标记	频率
sometimes	/ˈsʌmtaɪmz/	adv. 有时候	Ⓐ①②③④⑤⑥⑦⑧⑨	2
door	/dɔː/	n. 门	Ⓐ①②③④⑤⑥⑦⑧⑨	2
between	/bɪˈtwiːn/	prep. 在……之间	Ⓐ①②③④⑤⑥⑦⑧⑨	2
open	/ˈəʊpən/	adj. 开着的	Ⓐ①②③④⑤⑥⑦⑧⑨	2
out	/aʊt/	adv. 出来	Ⓐ①②③④⑤⑥⑦⑧⑨	2
without	/wɪðˈaʊt/	prep. 没有	Ⓐ①②③④⑤⑥⑦⑧⑨	2
down	/daʊn/	prep. 沿着	Ⓐ①②③④⑤⑥⑦⑧⑨	2
path	/pɑːθ/	n. 小径	Ⓐ①②③④⑤⑥⑦⑧⑨	2
go	/gəʊ/	v. 走	Ⓐ①②③④⑤⑥⑦⑧⑨	2
around	/əˈraʊnd/	adv. 到处	Ⓐ①②③④⑤⑥⑦⑧⑨	2
directly	/dɪˈrektli/	adv. 正好	Ⓐ①②③④⑤⑥⑦⑧⑨	2
white	/waɪt/	adj. 白色的	Ⓐ①②③④⑤⑥⑦⑧⑨	2
march	/mɑːtʃ/	v. 行进	Ⓐ①②③④⑤⑥⑦⑧⑨	2
forward	/ˈfɔːwəd/	adv. 向前地	Ⓐ①②③④⑤⑥⑦⑧⑨	2
away	/əˈweɪ/	adv. 离开	Ⓐ①②③④⑤⑥⑦⑧⑨	2
follow	/ˈfɒləʊ/	v. 跟随	Ⓐ①②③④⑤⑥⑦⑧⑨	2
after	/ˈɑːftə/	prep. 在……之后	Ⓐ①②③④⑤⑥⑦⑧⑨	2
soon	/suːn/	adv. 不久	Ⓐ①②③④⑤⑥⑦⑧⑨	2
stop	/stɒp/	v. 停下来	Ⓐ①②③④⑤⑥⑦⑧⑨	2
stone	/stəʊn/	n. 石头	Ⓐ①②③④⑤⑥⑦⑧⑨	2
mulberry	/ˈmʌlbəri/	n. 桑葚	Ⓐ①②③④⑤⑥⑦⑧⑨	1
too	/tuː/	adv. 也	Ⓐ①②③④⑤⑥⑦⑧⑨	1
each	/iːtʃ/	pron. 每个	Ⓐ①②③④⑤⑥⑦⑧⑨	1
dip	/dɪp/	v. 浸	Ⓐ①②③④⑤⑥⑦⑧⑨	1

安格斯和鸭子

单词	读音	释义	标记	频率
yellow	/ˈjeləʊ/	adj. 黄色的	Ⓐ①②③④⑤⑥⑦⑧⑨	1
bill	/bɪl/	n. 鸟嘴	Ⓐ①②③④⑤⑥⑦⑧⑨	1
cool	/kuːl/	adj. 凉爽的	Ⓐ①②③④⑤⑥⑦⑧⑨	1
clear	/klɪə/	adj. 干净的	Ⓐ①②③④⑤⑥⑦⑧⑨	1
watch	/wɒtʃ/	v. 注视	Ⓐ①②③④⑤⑥⑦⑧⑨	1
still	/stɪl/	adv. 仍然	Ⓐ①②③④⑤⑥⑦⑧⑨	1
drink	/drɪŋk/	v. 喝	Ⓐ①②③④⑤⑥⑦⑧⑨	1
then	/ðen/	adv. 然后	Ⓐ①②③④⑤⑥⑦⑧⑨	1
scuttle	/ˈskʌtl/	v. 快跑	Ⓐ①②③④⑤⑥⑦⑧⑨	1
lap	/læp/	v. 轻轻拍打	Ⓐ①②③④⑤⑥⑦⑧⑨	1
bird	/bɜːd/	n. 鸟	Ⓐ①②③④⑤⑥⑦⑧⑨	1
sing	/sɪŋ/	n. 唱歌	Ⓐ①②③④⑤⑥⑦⑧⑨	1
sun	/sʌn/	n. 太阳	Ⓐ①②③④⑤⑥⑦⑧⑨	1
make	/meɪk/	v. 制造	Ⓐ①②③④⑤⑥⑦⑧⑨	1
pattern	/ˈpætən/	n. 图案	Ⓐ①②③④⑤⑥⑦⑧⑨	1
through	/θruː/	prep. 穿过	Ⓐ①②③④⑤⑥⑦⑧⑨	1
leave	/liːv/	n. 树叶	Ⓐ①②③④⑤⑥⑦⑧⑨	1
grass	/grɑːs/	n. 草地	Ⓐ①②③④⑤⑥⑦⑧⑨	1
talk	/tɔːk/	v. 谈话	Ⓐ①②③④⑤⑥⑦⑧⑨	1
together	/təˈgeðə/	adv. 一起	Ⓐ①②③④⑤⑥⑦⑧⑨	1
first	/fɜːst/	adj. 第一个的	Ⓐ①②③④⑤⑥⑦⑧⑨	1
nip	/nɪp/	v. 轻咬	Ⓐ①②③④⑤⑥⑦⑧⑨	1
tail	/teɪl/	n. 尾巴	Ⓐ①②③④⑤⑥⑦⑧⑨	1
second	/ˈsekənd/	adj. 第二个的	Ⓐ①②③④⑤⑥⑦⑧⑨	1

单词	读音	释义	标记	频率
flap	/flæp/	v. 拍打	Ⓐ①②③④⑤⑥⑦⑧⑨	1
wing	/wɪŋ/	n. 翅膀	Ⓐ①②③④⑤⑥⑦⑧⑨	1
scramble	/ˈskræmbl/	v. 爬	Ⓐ①②③④⑤⑥⑦⑧⑨	1
young	/jʌŋ/	adj. 年幼的	Ⓐ①②③④⑤⑥⑦⑧⑨	1
whose	/huːz/	pron. 谁的	Ⓐ①②③④⑤⑥⑦⑧⑨	1
name	/neɪm/	n. 名字	Ⓐ①②③④⑤⑥⑦⑧⑨	1
because	/bɪˈkɒz/	conj. 因为	Ⓐ①②③④⑤⑥⑦⑧⑨	1
mother	/ˈmʌðə/	n. 母亲	Ⓐ①②③④⑤⑥⑦⑧⑨	1
father	/ˈfɑːðə/	n. 父亲	Ⓐ①②③④⑤⑥⑦⑧⑨	1
although	/ɔːlˈðəʊ/	conj. 尽管	Ⓐ①②③④⑤⑥⑦⑧⑨	1
quite	/kwaɪt/	adv. 相当	Ⓐ①②③④⑤⑥⑦⑧⑨	1
small	/smɔːl/	adj. 小的	Ⓐ①②③④⑤⑥⑦⑧⑨	1
head	/hed/	n. 头	Ⓐ①②③④⑤⑥⑦⑧⑨	1
large	/lɑːdʒ/	adj. 大的	Ⓐ①②③④⑤⑥⑦⑧⑨	1
so	/səʊ/	pron. 同样	Ⓐ①②③④⑤⑥⑦⑧⑨	1
foot	/fʊt/	n. 脚	Ⓐ①②③④⑤⑥⑦⑧⑨	1
live	/lɪv/	v. 住	Ⓐ①②③④⑤⑥⑦⑧⑨	1
scurry	/ˈskʌri/	v. 急跑	Ⓐ①②③④⑤⑥⑦⑧⑨	1
scamper	/ˈskæmpə/	v. 奔跑	Ⓐ①②③④⑤⑥⑦⑧⑨	1
house	/haʊs/	n. 房子	Ⓐ①②③④⑤⑥⑦⑧⑨	1
exactly	/ɪɡˈzæktli/	adv. 恰好	Ⓐ①②③④⑤⑥⑦⑧⑨	1
minute	/ˈmɪnɪt/	n. 分钟	Ⓐ①②③④⑤⑥⑦⑧⑨	1
clock	/klɒk/	n. 时钟	Ⓐ①②③④⑤⑥⑦⑧⑨	1
anything	/ˈeniθɪŋ/	pron. 任何事情	Ⓐ①②③④⑤⑥⑦⑧⑨	1

安格斯和鸭子

词组	释义	标记	频率
because of	因为	Ⓐ①②③④⑤⑥⑦⑧⑨	3
at the end of	在……的尽头	Ⓐ①②③④⑤⑥⑦⑧⑨	3
one day	有一天	Ⓐ①②③④⑤⑥⑦⑧⑨	2
by mistake	疏忽地	Ⓐ①②③④⑤⑥⑦⑧⑨	1
much too	太……	Ⓐ①②③④⑤⑥⑦⑧⑨	1
go over	越过	Ⓐ①②③④⑤⑥⑦⑧⑨	1
the other side	另一边	Ⓐ①②③④⑤⑥⑦⑧⑨	1
in front of	在……前面	Ⓐ①②③④⑤⑥⑦⑧⑨	1
all of a flutter	突然一阵慌乱	Ⓐ①②③④⑤⑥⑦⑧⑨	1
watering trough	饮水槽	Ⓐ①②③④⑤⑥⑦⑧⑨	1
take a long drink	喝了一大口	Ⓐ①②③④⑤⑥⑦⑧⑨	1
the rest	其他部位	Ⓐ①②③④⑤⑥⑦⑧⑨	1
find out	弄清	Ⓐ①②③④⑤⑥⑦⑧⑨	1
at all	根本	Ⓐ①②③④⑤⑥⑦⑧⑨	1

英语单词随文释义版

扫码听音频,想听哪里点哪里

安格斯和鸭子

8

Once there was a very young little dog whose name was Angus, because his mother and
从前　　有　　　　非常　年幼的　小的　狗　它的　名字　　　安格斯　　因为　它的　母亲
cóng qián　yǒu　　　fēi cháng　nián yòu de　xiǎo de　gǒu　tā de　míng zi　ān gé sī　yīn wèi　tā de　mǔ qīn

his father came from Scotland.
它的 父亲　来自　苏格兰
tā de fù qīn　lái zì　sū gé lán

Although the rest of Angus was quite small, his head was very large and so were
尽管　　其他部位　　安格斯　　　相当　小的　　它的 头　　非常　大的　　同样
jǐn guǎn　qí tā bù wèi　ān gé sī　xiāng dāng xiǎo de　tā de tóu　fēi cháng dà de　tóng yàng

his feet.
它的　脚
tā de jiǎo

考考你 安格斯是一只什么样的小狗？

A. 头大脚大　　　　　B. 头大脚小　　　　　C. 全身都很大

安格斯和鸭子

9

Angus was curious about many places and many things:
安格斯　　好奇的 关于 许多的 地方　　许多 事物
ān gé sī　　hào qí de guān yú xǔ duō de dì fang　xǔ duō shì wù

He was curious about WHAT lived under the sofa and in dark corners and
它　　好奇的 关于 什么　住 在……下面　沙发　　黑暗的 角落
tā　　hào qí de guān yú shén me zhù zài　xià miàn　shā fā　　hēi àn de jiǎo luò

考考你 安格斯对什么感到好奇？

A. 许多东西　　　　　　B. 一切东西　　　　　　C. 没有东西

安格斯和鸭子

10

WHO was the little dog in the mirror.
谁　　　　　小的 狗　　　镜子
shéi　　　　xiǎo de gǒu　　jìng zi

考考你 你觉得镜子里的那只小狗是谁？

A. 新来的小狗　　　　B. 安格斯的朋友　　　　C. 安格斯

扫码对答案
领现金奖励

He was curious about Things-Which-Come-Apart and those Things-Which-Don't-Come-Apart，
它　　　好奇的　关于　　可以拆分的事物　　　　那些　　无法拆分的事物
tā　　　hào qí de　guān yú　　kě yǐ chāi fēn de shì wù　　nà xiē　　wú fǎ chāi fēn de shì wù

such as SLIPPERS and gentlemen's SUSPENDERS and things like that.
比如　　拖鞋　　　　先生的　　　吊裤带　　　类似的事物
bǐ rú　　tuō xié　　xiān shēng de　　diào kù dài　　lèi sì de shì wù

安格斯和鸭子

11

考考你 安格斯可能不会对什么感到好奇？

A. 拖鞋　　　　　　　B. 吊带裤　　　　　　C. 衬衫

安格斯和鸭子

12

Angus was also curious about Things-Outdoors
安格斯 也 好奇的 关于 室外的事情
ān gé sī yě hào qí de guān yú shì wài de shì qing

but he could not find out much about them
但是 它 能 弄清 许多 关于 它们
dàn shì tā néng nòng qīng xǔ duō guān yú tā men

because of a leash .
因为 狗绳
yīn wèi gǒu shéng

考考你 为什么安格斯不能去室外探索？

A. 它对外面充满恐惧　　　B. 被狗绳拴住了没法去　　　C. 它对室外不感兴趣

扫码对答案
领现金奖励

安格斯和鸭子

13

The leash was fastened at one end to the collar around his neck and at the other end
　　　狗绳　　　　　系牢　　　　末端　　　　项圈　环绕 它的 脖子　　　　　另一端
　　　gǒu shéng　　　 jì láo　　　 mò duān　　　xiàng quān huán rào tā de bó zi　　　lìng yī duān
to SOMEBODY ELSE.
　　别人
　　bié rén

考考你　你认为狗绳的另一端是在谁的手里？
A. 另一只狗的手里　　　　　　B. 猫　　　　　　C. 安格斯的主人

扫码对答案
领现金奖励

安格斯和鸭子

14

But　Angus　was　most　curious　of　all　about　a　NOISE　which　came from the OTHER SIDE of the
但是 安格斯　　　　最　好奇的　　　　全部 关于　　声音　　　　　来自　　　　　另一边
dàn shì ān gé sī　　　zuì hào qí de　　quán bù guān yú　shēng yīn　　　lái zì　　　　lìng yī biān

large　green　hedge　at the end of　the garden.
大的　绿色的　树篱　 在……的尽头　　花　园
dà de　lǜ sè de　shù lí　zài　　de jìn tóu　　huā yuán

考考你　最让安格斯感到好奇的是什么？

A．声音　　　　　　　B．树篱　　　　　　　C．花园

The noise usually sounded like this:
声音 通 常 听 起来 像
shēng yīn tōng cháng tīng qǐ lái xiàng

Quack! Quack! Quackety! Quack!
嘎　　嘎　　嘎嘎
gā　　gā　　gā gā

But sometimes it sounded like this:
但是　有时　它 听 起来 像
dàn shì　yǒu shí　tā tīng qǐ lái xiàng

Quackety! Quackety! Quackety! Quack!!
嘎嘎　　嘎嘎　　嘎嘎　　嘎嘎
gā gā　　gā gā　　gā gā　　gā gā

安格斯和鸭子

15

考考你 从这个 "Quack" 的声音判断，你觉得是什么发出的？
A. 猫　　　　　　B. 鸭子　　　　　　C. 狗

One day the door between OUTDOORS and INDOORS was left open by mistake; and
有一天　　门　在……之间　　室外　　　室内　　使保持 开着的　疏忽地
yǒu yī tiān　　mén zài　　zhī jiān　shì wài　　shì nèi　　shǐ bǎo chí kāi zhe de　shū hū de

out went Angus without the leash or SOMEBODY ELSE.
出来　　安格斯　没有　　狗绳　　　别人
chū lái　　ān gé sī　méi yǒu　gǒu shéng　　bié rén

安格斯和鸭子

16

Down the little path he ran until he came to the large green hedge at the end of the garden.
沿着　　小路　它跑 直到　它 来到　　大的 绿色 树篱　在……的尽头　花园
yán zhe　xiǎo lù　tā pǎo zhí dào tā lái dào　dà de lǜ sè shù lí　zài　de jìn tóu　huā yuán

考考你　为什么安格斯能跑出来？

A. 门是开着的　　　　B. 主人放它出来的　　　　C. 它挣脱了绳子

He tried to go around it, but it was much too long. He tried to go over it, but it was
它 试着   绕过   它 但是 它   太…… 长 的 它 试图 越过 它   它
tā shì zhe   rào guò tā dàn shì tā   tài   cháng de tā shì tú yuè guò tā   tā

much too high.
太…… 高的
tài   gāo de

So Angus went under the large green hedge
因此 安格斯   在……之下   巨大的 绿色的 树篱
yīn cǐ ān gé sī   zài   zhī xià   jù dà de lǜ sè de shù lí

安格斯和鸭子

17

考考你 安格斯是怎样出去的？

A. 绕过树篱　　　　　　B. 跳过树篱　　　　　　C. 钻过树篱

安格斯和鸭子

18

and came out on the OTHER SIDE.
　　　出 来　　　　在 另 一 边
　　　chū lái　　　　zài lìng yī biān

考考你　安格斯来到了什么的另一边？

A. 树篱　　　　　B. 狗绳　　　　　C. 房子

扫码对答案
领现金奖励

There , directly in front of him were two white DUCKS.
在那里　正好在……前面 它　　两只白色的 鸭子
zài nà lǐ　zhèng hǎo zài　qián miàn tā　liǎng zhī bái sè de　yā zi

They were marching forward , one-foot-up and one-foot-down.
它们　　　行进　向前地　　　　高一脚低一脚地
tā men　　xíng jìn　xiàng qián de　gāo yī jiǎo dī yī jiǎo de

Quack! Quack!
嘎
gā

Quackety! Quack!
嘎嘎　　嘎
gā gā　　gā

安格斯和鸭子

19

考考你　在那里，它看到了什么？

A. 一只白色鸭子　　　　B. 两只黑色鸭子　　　　C. 两只白色鸭子

安格斯和鸭子

20

Angus said,"WOO-OO-OOF!!!"
安格斯 说 呜—呜—弗
ān gé sī shuō　wū　wū　fú

考考你　安格斯说"WOO-OO-OOF!!!"是为了什么？

A. 打招呼　　　　　　　B. 吓唬它们　　　　　　　C. 叹气

Away went the DUCKS　　all of a flutter．
走开　　　　鸭子　突然一阵慌乱
zǒu kāi　　　　yā zi　tū rán yī zhèn huāng luàn

Quackety! Quackety!
嘎嘎　　　嘎嘎
gā gā　　　gā gā

Quackety! Quackety!
嘎嘎　　　嘎嘎
gā gā　　　gā gā

Quackety！！！
嘎嘎
gā gā

安格斯和鸭子

考考你 鸭子为什么走开了？

A. 不喜欢安格斯　　　　B. 被吓着了　　　　C. 要去别的地方玩

安格斯和鸭子

22

Angus followed after.
安格斯　紧跟着
ān gé sī　jǐn gēn zhe

Soon the DUCKS stopped by a　stone　watering trough　under　a mulberry tree.
不久　　鸭子　停下来　　石制的　饮水槽　　在……之下　　桑树
bù jiǔ　　yā zi　tíng xià lái　shí zhì de　yǐn shuǐ cáo　zài　　zhī xià　sāng shù

Angus stopped, too.
安格斯　停下　也
ān gé sī　tíng xià　yě

考考你 当鸭子停下来的时候，安格斯做了什么？

A. 也停了下来　　　　　B. 继续往前走　　　　　C. 撵鸭子走

扫码对答案
领现金奖励

Each DUCK dipped a yellow bill in the cool clear water. Angus watched.
每一只 浸 黄色的嘴 凉爽的 清澈的 水 安格斯 注视
měi yī zhī jìn huáng sè de zuǐ liáng shuǎng de qīng chè de shuǐ ān gé sī zhù shì

Each DUCK took a long drink of the cool clear water. Still Angus watched.
每一只 鸭子 喝了一大口 凉凉的 清澈的 水 仍然 安格斯 观看着
měi yī zhī yā zi hē le yī dà kǒu liáng liáng de qīng chè de shuǐ réng rán ān gé sī guān kàn zhe

Each DUCK took another long drink of the cool clear water.
每一只 鸭子 又喝了一大口 凉凉的 清澈的 水
měi yī zhī yā zi yòu hē le yī dà kǒu liáng liáng de qīng chè de shuǐ

安格斯和鸭子

23

考考你 当鸭子们一遍遍喝水的时候，安格斯做了什么？

A．跟着一起喝　　　　　　　　B．一边喝一边看着它们　　　　　　C．看着它们

安格斯和鸭子

24

Then Angus said, "WOO-OO-OOF!!!"
然 后 安 格 斯 说　　呜—呜—弗
rán hòu ān gé sī shuō　　wū　 wū　 fú

考考你 这次安格斯说"WOO-OO-OOF!!!"是为了什么?

A. 打招呼　　　　　　　　B. 把鸭子赶跑　　　　　　　C. 表示附和

扫码对答案
领现金奖励

Away the DUCKS scuttled and
离开　　鸭子　快跑
lí kāi　　yā zi　kuài pǎo

安格斯和鸭子

25

考考你

鸭子怎样离开的？

A. 慢腾腾地走了　　　B. 愤怒地走了　　　C. 飞快地跑走了

安格斯和鸭子

26

Angus lapped the cool clear water.
安格斯 舔 凉爽的 清澈的
ān gé sī tiǎn liáng shuǎng de qīng chè de

Birds sang in the mulberry tree.
鸟 唱歌 在桑树上
niǎo chàng gē zài sāng shù shang

The sun made patterns through the leaves over the grass.
太阳 制造 图案 穿过 树叶 草地
tài yáng zhì zào tú àn chuān guò shù yè cǎo dì

考考你 鸭子们走后，安格斯做了什么？

A. 喝了点水　　　　B. 跟着一起走了　　　　C. 跳到水里洗澡

安格斯和鸭子

27

The DUCKS talked together：
鸭子　谈话　一起
yā zi　tán huà　yī qǐ

Quack! Quack! Quack!
嘎　　嘎　　嘎
gā　　gā　　gā

Then：
然后
rán hòu

考考你

鸭子们在一起做什么？

A．谈话　　　　　　B．喝水　　　　　　C．嬉戏

安格斯和鸭子

28

HISS-S-S-S-S-S-S!!!
嘶 — 嘶 — 嘶
sī　 sī　 sī

HISS-S-S-S-S-S-S!!!
嘶 — 嘶 — 嘶
sī　 sī　 sī

考考你　你觉得这个"HISS-S-S-S-S-S"的声音是什么?

A. 向安格斯示好　　　　　　B. 对安格斯发起反击　　　　　　C. 互相聊天

扫码对答案
领现金奖励

安格斯和鸭子

29

The first DUCK nipped Angus's tail !
第一只 鸭子 轻咬 安格斯的 尾巴
dì yī zhī yā zi qīng yǎo ān gé sī de wěi ba

HISS-S-S-S-S-S-S!!!
嘶—嘶—嘶
sī sī sī

考考你 第一只鸭子做了什么？

A. 和安格斯一起玩耍　　B. 击打了安格斯的头部　　C. 咬住了安格斯的尾巴

扫码对答案
领现金奖励

安格斯和鸭子

30

HISS-S-S-S-S-S-S!!!
嘶—嘶—嘶
sī sī sī

The second DUCK flapped his wings!
第二只 鸭子 拍打 它的 翅膀
dì èr zhī yā zi pāi dǎ tā de chì bǎng

考考你 谁拍打着自己的翅膀?

A. 第一只鸭子　　　　　B. 第二只鸭子　　　　　C. 安格斯

扫码对答案
领现金奖励

安格斯和鸭子

31

Angus scrambled under the large green hedge,
安格斯 爬 在……之下 大的 绿色的 树篱
ān gé sī　pá　zài　zhī xià　dà de lǜ sè de shù lí

考考你　安格斯从哪里爬了进来？
A. 池塘里　　　　　B. 树篱下　　　　　C. 护栏上

安格斯和鸭子

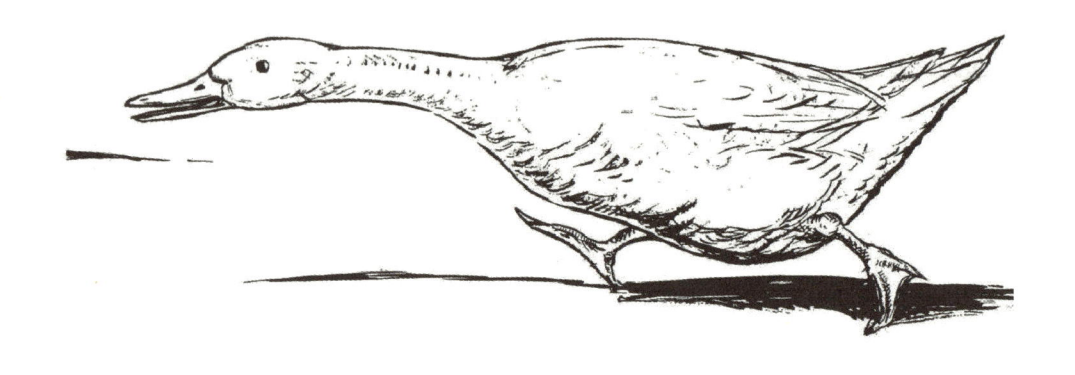

32

scurried　up　the　little path，
急 跑　沿 着　　小 路
jí pǎo　yán zhe　　xiǎo lù

考考你 安格斯从哪里匆忙跑走了？
A. 小路上　　　　　B. 河边　　　　　C. 花园大路

安
格
斯
和
鸭
子

33

scampered into the house,
　奔　跑　　　　房　子
　bēn pǎo　　　　fáng zi

考考你 安格斯跑到了哪里?

A. 篱笆下　　　　B. 花园的尽头　　　　C. 房子里

安格斯和鸭子

34

and crawled under the sofa .
爬　　在……之下　沙发
pá　　zài　　zhī xià　　shā fā

考考你　安格斯最终躲到了哪里？

A. 床下面　　　　　　　B. 沙发下面　　　　　　C. 沙发上面

安格斯和鸭子

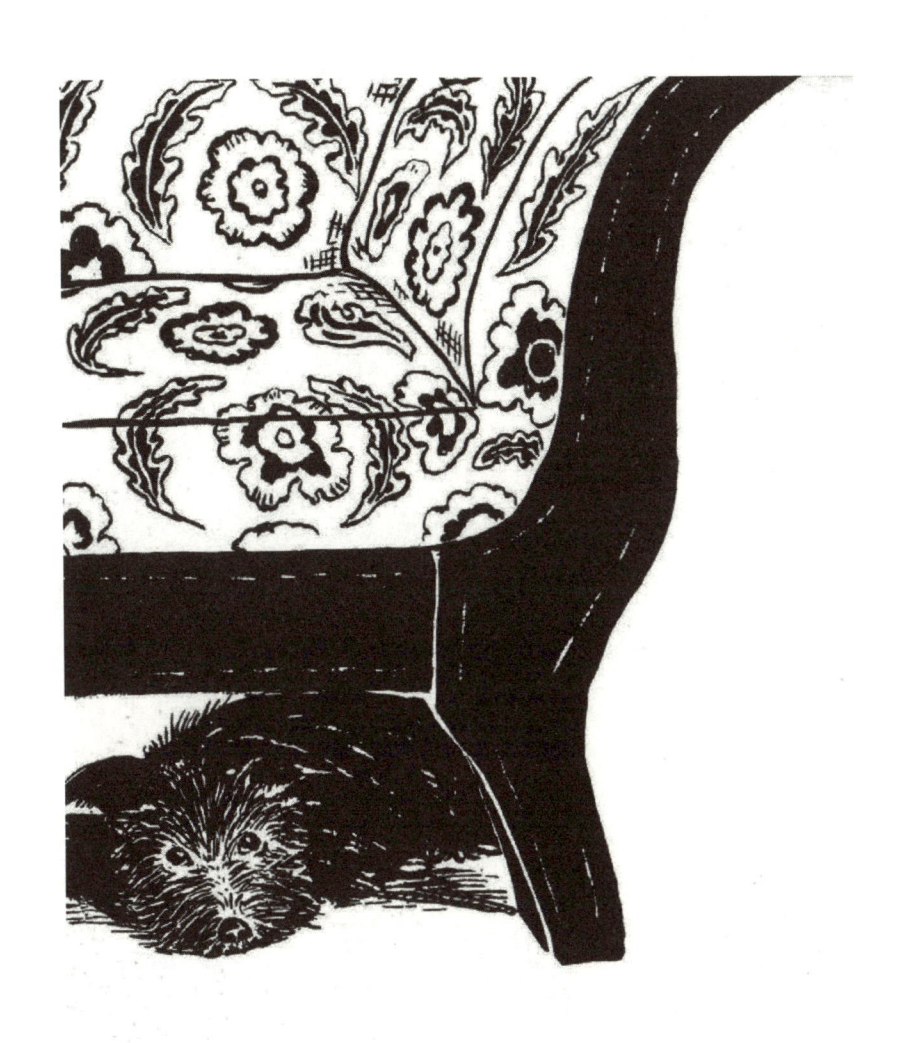

35

For exactly THREE minutes by the clock , Angus was NOT curious about anything at all .
恰好　　三　分钟　　　　时钟　安格斯　　　好奇的 关于 任何 事物　根本
qià hǎo　　sān　fēn zhōng　　　shí zhōng　ān gé sī　　hào qí de guān yú rèn hé shì wù gēn běn

考考你 这次经历之后，安格斯发生了什么变化？

A．依然对万事好奇　　B．再也不对任何事感兴趣了　　C．总想着哪天能再次出去探险

英汉对译带拼音版

微信扫码关注公众号，回复"安格斯"听音频

Angus and the Ducks

Once there was a very young little dog whose name was Angus, because his mother and his father came from Scotland.

Although the rest of Angus was quite small, his head was very large and so were his feet.

Angus was curious about many places and many things:

He was curious about WHAT lived under the sofa and in dark corners and

WHO was the little dog in the mirror.

安格斯和鸭子
ān gé sī hé yā zi

从前，有只幼小的狗儿，名叫安格
cóng qián yǒu zhī yòu xiǎo de gǒur míng jiào ān gé

斯。它之所以叫这个名字，是因为它的爸
sī tā zhī suǒ yǐ jiào zhè ge míng zi shì yīn wèi tā de bà

爸和妈妈都来自苏格兰。
ba hé mā ma dōu lái zì sū gé lán

尽管安格斯的其他身体部位都很小，
jǐn guǎn ān gé sī de qí tā shēn tǐ bù wèi dōu hěn xiǎo

但它的头却很大，而且它的脚也很大。
dàn tā de tóu què hěn dà ér qiě tā de jiǎo yě hěn dà

安格斯对很多地方和许多事儿都充
ān gé sī duì hěn duō dì fang hé xǔ duō shìr dōu chōng

满了好奇。
mǎn le hào qí

它很好奇沙发底下有什么东西，谁
tā hěn hào qí shā fā dǐ xia yǒu shén me dōng xi shéi

会待在黑漆漆的角落里，以及……
huì dāi zài hēi qī qī de jiǎo luò li yǐ jí

镜子里那只小狗，究竟是谁呢？
jìng zi li nà zhī xiǎo gǒu jiū jìng shì shéi ne

He was curious about Things-Which-Come-Apart and those Things-Which-Don't-Come-Apart, such as SLIPPERS and gentlemen's SUSPENDERS and things like that.

Angus was also curious about Things-Outdoors but he could not find out much about them because of a leash.

The leash was fastened at one end to the collar around his neck and at the other end to SOMEBODY ELSE.

But Angus was most curious of all about a NOISE which came from the OTHER SIDE of the large green hedge at the end of the garden.

它很好奇，为什么有些东西一弄就
tā hěn hào qí　wèi shén me yǒu xiē dōng xi yī nòng jiù
分开了，而有些东西却怎么也拆不开，比
fēn kāi le　ér yǒu xiē dōng xi què zěn me yě chāi bù kāi　bǐ
如拖鞋和男士吊带裤等等这类的东西。
rú tuō xié hé nán shì diào dài kù děng děng zhè lèi de dōng xi

安格斯对屋外的事儿也非常好奇，但
ān gé sī duì wū wài de shìr yě fēi cháng hào qí dàn
它身上拴着一根绳子，它无法发现
tā shēn shang shuān zhe yī gēn shéng zi tā wú fǎ fā xiàn
外面更多的东西。
wài miàn gèng duō de dōng xi

那根皮绳的一端系着它脖子上戴的
nà gēn pí shéng de yī duān jì zhe tā bó zi shang dài de
项圈，另一端被别人拽着。
xiàng quān lìng yī duān bèi bié rén zhuài zhe

但是最让安格斯感到好奇的，却是花
dàn shì zuì ràng ān gé sī gǎn dào hào qí de què shì huā
园尽头那片高大的绿色篱笆墙外传来
yuán jìn tóu nà piàn gāo dà de lǜ sè lí ba qiáng wài chuán lái
的吵闹声。
de chǎo nào shēng

The noise usually sounded like this:

Quack! Quack! Quackety! Quack!

But sometimes it sounded like this:

Quackety! Quackety! Quackety! Quack!!

One day the door between OUTDOORS and IN-DOORS was left open by mistake; and out went Angus without the leash or SOMEBODY ELSE.

Down the little path he ran until he came to the large green hedge at the end of the garden.

He tried to go around it, but it was much too long. He tried to go over it, but it was much too

---

那声音通常听起来是这样的：嘎！
nà shēng yīn tōng cháng tīng qǐ lái shì zhè yàng de　gā

嘎！嘎嘎！嘎！
gā　gā gā　gā

但有时候听起来又是这样的：
dàn yǒu shí hou tīng qǐ lái yòu shì zhè yàng de

嘎嘎！嘎嘎！嘎嘎！嘎！
gā gā　gā gā　gā gā　gā

终于有一天，屋外通向屋内的门
zhōng yú yǒu yī tiān　wū wài tōng xiàng wū nèi de mén

被人不小心开着了，安格斯趁机溜了出去，
bèi rén bù xiǎo xīn kāi zhe le　ān gé sī chèn jī liū le chū qù

既没有系皮绳，也没有人牵着它。
jì méi yǒu jì pí shéng　yě méi yǒu rén qiān zhe tā

它沿着小径，一路小跑，一直来到了
tā yán zhe xiǎo jìng　yī lù xiǎo pǎo　yī zhí lái dào le

花园尽头那片高大的绿色篱笆墙边。
huā yuán jìn tóu nà piàn gāo dà de lǜ sè lí ba qiáng biān

它试图绕过篱笆墙，但那篱笆墙实
tā shì tú rào guò lí ba qiáng　dàn nà lí ba qiáng shí

在太长了；它又试图跳过去，但那篱笆
zài tài cháng le　tā yòu shì tú tiào guò qù　dàn nà lí ba

安格斯和鸭子

high.

So Angus went under the large green hedge and came out on the OTHER SIDE.

There, directly in front of him were two white DUCKS.

They were marching forward, one-foot-up and one-foot-down.

Quack! Quack!

Quackety! Quack!

墙 又太高了。
qiáng yòu tài gāo le

所以安格斯只好从高大的绿色篱笆
suǒ yǐ ān gé sī zhǐ hǎo cóng gāo dà de lǜ sè lí ba

墙的下面钻了过去。
qiáng de xià miàn zuān le guò qù

然后从另一边出来了。
rán hòu cóng lìng yī biān chū lái le

那里，映入它眼帘的是两只白色的
nà lǐ yìng rù tā yǎn lián de shì liǎng zhī bái sè de

鸭子。
yā zi

它们正朝着安格斯，高一脚低一脚
tā men zhèng cháo zhe ān gé sī gāo yī jiǎo dī yī jiǎo

地走过来。
de zǒu guò lái

嘎！嘎！
gā gā

嘎嘎！嘎！
gā gā gā

Angus said, "Woo-OO-OOF!!!"

Away went the DUCKS all of a flutter.

Quackety! Quackety!

Quackety! Quackety!

Quackety!!!

Angus followed after.

Soon the DUCKS stopped by a stone watering trough under a mulberry tree.

Angus stopped, too.

Each DUCK dipped a yellow bill in the cool clear water. Angus watched.

安格斯大叫道:"呜——呜——汪!"
ān gé sī dà jiào dào   wū   wū   wāng

鸭子们赶紧拍着翅膀跑开了。
yā zi men gǎn jǐn pāi zhe chì bǎng pǎo kāi le

嘎嘎!嘎嘎!
gā gā   gā gā

嘎嘎!嘎嘎!
gā gā   gā gā

嘎嘎!
gā gā

安格斯紧追着它们不放。
ān gé sī jǐn zhuī zhe tā men bù fàng

很快,鸭子们在桑树下的一块石质水槽旁停了下来。
hěn kuài   yā zi men zài sāng shù xià de yī kuài shí zhì shuǐ cáo páng tíng le xià lái

安格斯也停了下来。
ān gé sī yě tíng le xià lái

鸭子们将它们黄色的嘴伸进了清凉的水中。安格斯好奇地观察着。
yā zi men jiāng tā men huáng sè de zuǐ shēn jìn le qīng liáng de shuǐ zhōng   ān gé sī hào qí de guān chá zhe

安格斯和鸭子

41

Each DUCK took a long drink of the cool clear water. Still Angus watched. Each DUCK took another long drink of the cool clear water.

Then Angus said, "WOO-OO-OOF!!!"

Away the DUCKS scuttled and

Angus lapped the cool clear water.

Birds sang in the mulberry tree.

The sun made patterns through the leaves over the grass.

The DUCKS talked together:

鸭子们深深地吸了口那清凉的水。
yā zi men shēn shēn de xī le kǒu nà qīng liáng de shuǐ

安格斯还在那里观察着它们。鸭子们又
ān gé sī hái zài nà lǐ guān chá zhe tā men yā zi men yòu

深深地吸了口清凉的水。
shēn shēn de xī le kǒu qīng liáng de shuǐ

这下，安格斯抗议了："呜——呜——
zhè xià ān gé sī kàng yì le wū wū

汪!!!"
wāng

鸭子们赶紧逃走了。
yā zi men gǎn jǐn táo zǒu le

安格斯过去舔了舔那清凉的水。
ān gé sī guò qù tiǎn le tiǎn nà qīng liáng de shuǐ

鸟儿们在桑树上唱着歌儿；
niǎor men zài sāng shù shang chàng zhe gēr

太阳透过树叶将影子洒在草地上。
tài yáng tòu guò shù yè jiāng yǐng zi sǎ zài cǎo dì shang

鸭子们凑在一块儿合计了一下：
yā zi men còu zài yī kuàir hé jì le yī xià

Quack! Quack! Quack!

Then:

HISS-S-S-S-S-S-S!!!

HISS-S-S-S-S-S!!!

The first DUCK nipped Angus's tail!

HISS-S-S-S-S-S-S!!!

HISS-S-S-S-S-S-S!!!

The second DUCK flapped his wings!

Angus scrambled under the large green hedge,

scurried up the little path, scampered into the

"嘎！嘎！嘎！"
gā　gā　gā

于是：
yú shì

嘶——嘶——嘶！！！
sī　　sī　　sī

嘶——嘶——嘶！！！
sī　　sī　　sī

第一只鸭子咬住了安格斯的尾巴！
dì yī zhī yā zi yǎo zhù le ān gé sī de wěi ba

嘶——嘶——嘶！！！
sī　　sī　　sī

嘶——嘶——嘶！！！
sī　　sī　　sī

第二只鸭子展开了它的翅膀！
dì èr zhī yā zi zhǎn kāi le tā de chì bǎng

安格斯急忙从那高大的绿色篱笆墙
ān gé sī jí máng cóng nà gāo dà de lǜ sè lí ba qiáng
下面钻了回去，
xià miàn zuān le huí qù

匆匆地沿着小径，迅速跑进屋里，
cōng cōng de yán zhe xiǎo jìng　xùn sù pǎo jìn wū li

安格斯和鸭子

43

house, and crawled under the sofa.

For exactly THREE minutes by the clock, Angus was NOT curious about anything at all.

躲到沙发底下。
duǒ dào shā fā dǐ xia

在接下来整整三分钟的时间，安格
zài jiē xià lái zhěng zhěng sān fēn zhōng de shí jiān   ān gé

斯对任何事都提不起兴趣来。
sī duì rèn hé shì dōu tí bù qǐ xìng qù lái

考考你

1. 安格斯最感兴趣的事物是什么？

   A. 沙发下的生物　　B. 镜子里的小狗　　C. 大绿篱笆后的声音

2. 安格斯为什么跟着白鸭子们？

   A. 它饿了，想吃鸭子　　B. 它好奇鸭子们会带它去哪里　　C. 它想和鸭子们交朋友

3. 安格斯在遇到鸭子后的经历对它产生了什么影响？

   A. 使它变得更加好奇　　B. 让它对一切都失去兴趣　　C. 让它暂时不再好奇任何事物

文学审美和鉴赏

愉悦的探索：安格斯的好奇心与鸭子的相遇

在《安格斯和鸭子》中，我们认识了一只充满好奇心的小狗安格斯，它踏上了一段令人兴奋的冒险之旅，以满足对周围世界的强烈好奇心。这个故事精美地捕捉了狗的好奇本性，呈现了一个引人入胜、令人愉悦的叙述，邀请所有年龄段的读者欣赏好奇心所带来的简单而深刻的体验。

安格斯的形象被描绘成非常好奇的角色，渴望探索并了解它所在的环境。它的好奇心不仅推动了故事的发展，而且为读者创造了一种共鸣感，他们可能也体验过类似的惊奇和探险未知的渴望。通过强调安格斯对看似平常事物的好奇，如黑暗角落和镜子中的倒影，故事展示了好奇心的魔力，能把平凡物件变成迷人的谜团。

当门被无意中打开时，安格斯踏上的旅程成为好奇心所带来的无尽机会的象征。当安格斯在没有狗绳或监护人的情况下踏入世界时，它展示了勇气和探险的兴奋。当安格斯遇到鸭子时，这种探险感觉进一步加强，鸭子代表了未知、令人兴奋、有时令人生畏的世界方面。

随着鸭子对安格斯的存在作出反应，它们的嘎嘎叫声和嘶嘶声成为故事氛围的重要元素，营造出兴奋和紧张的氛围。这些声音的节奏和重复使用，如"嘎嘎！嘎嘎！嘎嘎嘎！"和"嘶嘶嘶嘶嘶嘶！！"不仅为叙述增添了愉悦的听觉维度，还帮助读者对安格斯与鸭子互动的结果产生好奇和期待。

安格斯冒险的结局，它被鸭子赶走并回到了安全的家中，提醒我们，虽然好奇心具有价值和令人兴奋的特质，但有时也可能导致意想不到的、令人生畏的经历。然而，安格斯在沙发下短暂的躲避时光也是对年轻读者的一种重要教导，让他们明白克服生活挑战并继续充满热情地探索世界所必需的恢复力和适应能力。

《安格斯和鸭子》——一则关于好奇心与成长的寓言

《安格斯和鸭子》是一个简短而富有趣味的故事，讲述了一只名叫安格斯的小狗对世界充满好奇心，经历了一场与鸭子们的冒险后，开始了解这个世界的复杂性。这个故事通过幽默和轻松的笔触，向我们展示了成长过程中面临的挑战以及好奇心的重要性。

首先，作者通过安格斯的形象，展示了好奇心是一种天性。安格斯对家中的沙发底下、镜子里的小狗、各种物品都充满好奇，这种好奇心使它勇敢地探索周围的世界。正是好奇心驱使着它不断地寻求新知，拓宽自己的视野。

其次，故事中的大绿篱笆象征着成长过程中的阻碍。安格斯不得不寻找方法绕过这个障碍，最终它成功地穿过了篱笆，见到了鸭子们。这一情节表明，在成长的道路上，我们总会遇到种种困难与挑战，只有克服这些障碍，我们才能获得更多的经验和成长。

再者，安格斯与鸭子们的互动展示了在成长过程中，我们需要学会适应不同的环境和接触不同的事物。安格斯对鸭子们感到好奇，尝试与之互动，而鸭子们则展示了不同的反应。尽管在与鸭子的互动中，安格斯遭受了惊吓，但这些经历使它更加了解这个世界的复杂性和多样性。

最后，故事的结尾传达了一个深刻的寓意。当安格斯被鸭子们吓回家时，它在沙发下待了整整三分钟，暂时失去了对任何事物的好奇心。这表明，在成长的道路上，我们难免会遇到挫折和困难，但重要的是在遭受挫折后能够重新站起来，勇敢地继续探索和学习。

总之，《安格斯和鸭子》是一个关于好奇心与成长的寓言。通过对安格斯这一形象的塑造，作者传递了好奇心对于成长的重要性以及勇敢面对挑战的精神。这个故事提醒我们，要保持对世界的好奇心，不断地探索、学习和成长。同时，当我们遇到困难和挫折时，不要轻易放弃，而要勇敢地去应对，因为正是这些经历使我们更加成熟和强大。

作为一个儿童绘本故事，《安格斯和鸭子》的文字和描绘都十分生动有趣，容易吸引孩子们的注意力，让他们在轻松愉快的阅读中领略到成长的真谛。而对于成年人来说，这个故事也能让我们回忆起自己曾经的好奇心，激励我们在成长的道路上永远保持对世界的热爱和探索精神。

《安格斯和鸭子》无疑是一部寓意丰富且引人入胜的佳作。它以简单的文字和情节，深入浅出地阐释了好奇心与成长的关系，为我们提供了难忘的阅读体验。这个故事教导我们要勇敢面对生活中的挑战，珍惜成长过程中的点点滴滴，始终保持对世界的热爱与好奇。

安格斯和摇尾巴狗贝丝
ANGUS AND WAG-TAIL-BESS

THE ADVENTURES OF ANGUS
安格斯奇遇记（4）

[美] 玛乔里·弗莱克 著
程来川 编

重难点单词表

单词	读音	释义	标记	频率
wag	/wæg/	v. 摇	Ⓐ①②③④⑤⑥⑦⑧⑨	10
ear	/ɪə/	n. 耳朵	Ⓐ①②③④⑤⑥⑦⑧⑨	8
shy	/ʃaɪ/	adj. 害羞的	Ⓐ①②③④⑤⑥⑦⑧⑨	6
almost	/ˈɔːlməʊst/	adv. 几乎	Ⓐ①②③④⑤⑥⑦⑧⑨	6
everything	/ˈevriθɪŋ/	pron. 所有事物	Ⓐ①②③④⑤⑥⑦⑧⑨	4
although	/ɔːlˈðəʊ/	conj. 尽管	Ⓐ①②③④⑤⑥⑦⑧⑨	4
big	/bɪg/	adj. 大的	Ⓐ①②③④⑤⑥⑦⑧⑨	4
enough	/ɪˈnʌf/	adv. 足够地	Ⓐ①②③④⑤⑥⑦⑧⑨	4
know	/nəʊ/	v. 了解	Ⓐ①②③④⑤⑥⑦⑧⑨	4
get	/get/	v. 变得	Ⓐ①②③④⑤⑥⑦⑧⑨	4
when	/wen/	adv. 当……的时候	Ⓐ①②③④⑤⑥⑦⑧⑨	4
afraid	/əˈfreɪd/	adj. 害怕的	Ⓐ①②③④⑤⑥⑦⑧⑨	4
ache	/eɪk/	v. 疼痛	Ⓐ①②③④⑤⑥⑦⑧⑨	2
strange	/streɪndʒ/	adj. 奇怪的	Ⓐ①②③④⑤⑥⑦⑧⑨	2
black	/blæk/	adj. 黑色的	Ⓐ①②③④⑤⑥⑦⑧⑨	2
creature	/ˈkriːtʃə/	n. 生物	Ⓐ①②③④⑤⑥⑦⑧⑨	2
small	/smɔːl/	adj. 小的	Ⓐ①②③④⑤⑥⑦⑧⑨	2
should	/ʃʊd/	model v. 应该	Ⓐ①②③④⑤⑥⑦⑧⑨	2
call	/kɔːl/	v. 称呼	Ⓐ①②③④⑤⑥⑦⑧⑨	2
plain	/pleɪn/	adj. 相貌平平的	Ⓐ①②③④⑤⑥⑦⑧⑨	2
always	/ˈɔːlwɪz/	adv. 总是	Ⓐ①②③④⑤⑥⑦⑧⑨	2
wherever	/weərˈevə/	adv. 任何地方	Ⓐ①②③④⑤⑥⑦⑧⑨	2
hungry	/ˈhʌŋgri/	adj. 饥饿的	Ⓐ①②③④⑤⑥⑦⑧⑨	2
floor	/flɔː/	n. 地板	Ⓐ①②③④⑤⑥⑦⑧⑨	2

单词	读音	释义	标记	频率
climb	/klaɪm/	v. 攀爬	Ⓐ①②③④⑤⑥⑦⑧⑨	2
stair	/steə/	n. 楼梯	Ⓐ①②③④⑤⑥⑦⑧⑨	2
tummy	/ˈtʌmi/	n. 肚子	Ⓐ①②③④⑤⑥⑦⑧⑨	2
wall	/wɔːl/	n. 墙壁	Ⓐ①②③④⑤⑥⑦⑧⑨	2
sound	/saʊnd/	n. 声音	Ⓐ①②③④⑤⑥⑦⑧⑨	2
through	/θruː/	prep. 通过	Ⓐ①②③④⑤⑥⑦⑧⑨	2
scuttle	/ˈskʌtl/	v. 快跑	Ⓐ①②③④⑤⑥⑦⑧⑨	2
surprised	/səˈpraɪzd/	adj. 感到惊讶的	Ⓐ①②③④⑤⑥⑦⑧⑨	2
after	/ˈɑːftə/	prep. 在……之后	Ⓐ①②③④⑤⑥⑦⑧⑨	2
where	/weə/	adv. 哪里	Ⓐ①②③④⑤⑥⑦⑧⑨	2
they	/ðeɪ/	pron. 它们	Ⓐ①②③④⑤⑥⑦⑧⑨	2
wriggle	/ˈrɪgl/	v. 扭动	Ⓐ①②③④⑤⑥⑦⑧⑨	2
middle	/ˈmɪdl/	n. 腰部	Ⓐ①②③④⑤⑥⑦⑧⑨	2
back	/bæk/	n. 后背	Ⓐ①②③④⑤⑥⑦⑧⑨	2
teach	/tiːtʃ/	v. 教	Ⓐ①②③④⑤⑥⑦⑧⑨	2
forget	/fəˈget/	v. 忘记	Ⓐ①②③④⑤⑥⑦⑧⑨	2
remember	/rɪˈmembə/	v. 记得	Ⓐ①②③④⑤⑥⑦⑧⑨	2
play	/pleɪ/	v. 玩耍	Ⓐ①②③④⑤⑥⑦⑧⑨	2
smile	/smaɪl/	n. 微笑	Ⓐ①②③④⑤⑥⑦⑧⑨	2
backwards	/ˈbækwədz/	adv. 向后	Ⓐ①②③④⑤⑥⑦⑧⑨	1
even	/ˈiːvən/	adv. 甚至	Ⓐ①②③④⑤⑥⑦⑧⑨	1
dinner	/ˈdɪnə/	n. 晚餐	Ⓐ①②③④⑤⑥⑦⑧⑨	1
sniff	/snɪf/	v. 嗅	Ⓐ①②③④⑤⑥⑦⑧⑨	1
side	/saɪd/	n. 边	Ⓐ①②③④⑤⑥⑦⑧⑨	1

词组	释义	标记	频率
be afraid of	害怕	Ⓐ①②③④⑤⑥⑦⑧⑨	4
stick up	竖起	Ⓐ①②③④⑤⑥⑦⑧⑨	3
every day	每天	Ⓐ①②③④⑤⑥⑦⑧⑨	3
gulp down	狼吞虎咽地吃	Ⓐ①②③④⑤⑥⑦⑧⑨	1
at nighttime	在夜里	Ⓐ①②③④⑤⑥⑦⑧⑨	1
stay with	与……待在一起	Ⓐ①②③④⑤⑥⑦⑧⑨	1
one day	有一天	Ⓐ①②③④⑤⑥⑦⑧⑨	1
next door	隔壁	Ⓐ①②③④⑤⑥⑦⑧⑨	1
lie down	躺下	Ⓐ①②③④⑤⑥⑦⑧⑨	1

英语单词随文释义版

扫码听音频，想听哪里点哪里

Once there was an Airedale puppy and she was named
从 前 有 艾尔谷犬 幼犬 它 被 取 名 为
cóng qián yǒu ài ěr gǔ quǎn yòu quǎn tā bèi qǔ míng wéi

Wag-Tail-Bess because her mother's name was Bess and her
摇尾巴狗贝丝 因为 它的 母亲的 名字 贝丝 它的
yáo wěi ba gǒu bèi sī yīn wèi tā de mǔ qīn de míng zi bèi sī tā de

father's name was Wags.
父亲的 名字 摇尾巴狗
fù qīn de míng zi yáo wěi ba gǒu

But Wag-Tail-Bess never wagged her tail or stuck up
但是 摇尾巴狗贝丝 从未 摇 它的 尾巴 竖起
dàn shì yáo wěi ba gǒu bèi sī cóng wèi yáo tā de wěi ba shù qǐ

her ears or smiled as an Airedale should, so
它的 耳朵 微笑 和……一样 艾尔谷犬 应该 因此
tā de ěr duo wēi xiào hé yī yàng ài ěr gǔ quǎn yīng gāi yīn cǐ

she was called plain Bess.
它被称为 相貌平平的 贝丝
tā bèi chēng wéi xiàng mào píng píng de bèi sī

安格斯和摇尾巴狗贝丝

考考你 摇尾巴狗贝丝的名字是怎么来的？

A. 来自于它母亲的名字　　B. 来自于它父亲的名字　　C. 来自于它母亲和父亲名字的组合

Bess was so SHY she was AFRAID of al-
贝丝　　　如此　害羞的　它　　　害怕
bèi sī　　　rú cǐ　hài xiū de　tā　　　hài pà

most everything, although she was big enough to
几乎　所有事情　　尽管　　它　　大的　足够地
jī hū　suǒ yǒu shì qing　jǐn guǎn　tā　　dà de　zú gòu de

know better.
了解　更好地
liǎo jiě gèng hǎo de

When Bess was outdoors she was
当……的时候　贝丝　　在室外　它
dāng de shí hou　bèi sī　zài shì wài　tā

afraid to come indoors, and when she was indoors
害怕的　来到　室内　　　　　　它　　在室内
hài pà de　lái dào　shì nèi　　　　　tā　　zài shì nèi

she was afraid to go outdoors.
它　　　害怕的　去室外
tā　　　hài pà de　qù shì wài

安格斯和摇尾巴狗贝丝

7

考考你　贝丝害羞的性格导致了什么？

A. 对一切事物都感兴趣　　　B. 对一切事物都陌生　　　C. 对一切事物都害怕

安格斯和摇尾巴狗贝丝

8

When　　　 Bess was taken walking she was　 afraid　to walk　 forward， so　 she would try to
当……的时候 贝丝 被带走 散步 它　　害怕的　走 向前地 因此 它　　　设法
dāng　　 de shí hou　bèi sī　bèi dài zǒu　sàn bù　tā　　hài pà de　　zǒu xiàng qián de　yīn cǐ tā　　shè fǎ

walk backwards，and　　　 when　　 she couldn't go backwards—
走在后面　　　　当……的时候 它 不能　走在后面
zǒu zài hòu miàn　 dāng　　de shí hou　tā　bù néng　zǒu zài hòu miàn

考考你 贝丝为什么在散步的时候总走在后面？

A. 它走路太慢　　　　　　　B. 它害怕走前面　　　　　　C. 主人要求它走在后面

she would lie down.
它　　　　躺 下
tā　　　　tǎng xià

安格斯和摇尾巴狗贝丝

考考你 当它不能走在后面的时候，它会怎么做？

A. 减慢步伐　　　　B. 拒绝外出　　　　C. 躺下

安格斯和摇尾巴狗贝丝

10

Bess was even afraid to eat her dinner.
贝丝　　甚至害怕的　　吃它的晚餐
bèi sī　shèn zhì hài pà de　chī tā de wǎn cān

she would sniff at it on this side and sniff at it on that side, until at last she would get so hungry,
它　　嗅　　在这边　　　嗅　　在那边　直到最后它　　变得　　饥饿的
tā　　xiù　zài zhè biān　　xiù　zài nà biān　zhí dào zuì hòu tā　　biàn de　　jī è de

she would gulp down her dinner without chewing it at all.
它　　狼吞虎咽地吃它的晚餐　　没有　　咀嚼　　根本
tā　　láng tūn hǔ yàn de chī tā de wǎn cān　méi yǒu　jǔ jué　gēn běn

考考你　贝丝害怕吃晚饭，它最终会怎么办？

A. 一直嗅它　　　　B. 再饿也不吃　　　　C. 饿到不行了才狼吞虎咽吃掉

Then Bess would be afraid because her tummy ached.
然后 贝丝　　　　害怕的 因为 它的 肚子 疼痛
rán hòu bèi sī　　　hài pà de yīn wèi tā de dù zi téng tòng

安格斯和摇尾巴狗贝丝

11

考考你 为什么贝丝肚子疼？

A. 因为狼吞虎咽　　　　B. 因为没吃饭　　　　C. 因为太害怕

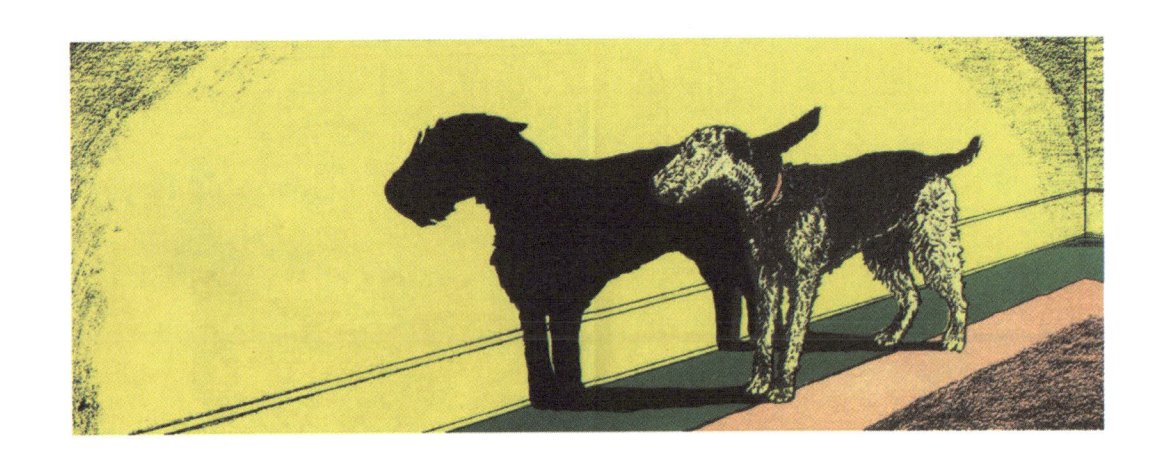

At nighttime Bess was afraid of a STRANGE BLACK CREATURE.
在夜里 贝丝 害怕 奇怪的 黑色的 生物
zài yè li bèi sī hài pà qí guài de hēi sè de shēng wù

Sometimes IT was small and sometimes IT was large, but always IT would stay with Bess
有时 它 小的 有时候 它 大的 但是总是它 与……待在一起 贝丝
yǒu shí tā xiǎo de yǒu shí hou tā dà de dàn shì zǒng shì tā yǔ dāi zài yī qǐ bèi sī

wherever she went, crawling on the floor and climbing up the stairs and down the stairs, and
无论什么地方 它 去 爬行 地板 爬上 楼梯 向下 楼梯
wú lùn shén me dì fang tā qù pá xíng dì bǎn pá shàng lóu tī xiàng xià lóu tī

sometimes on the wall.
有时 墙壁
yǒu shí qiáng bì

考考你 你觉得这个黑色生物可能是什么？

A. 专门在黑夜出现的怪物　　B. 它自己的影子　　C. 一种能爬墙的动物

One day when Bess was outdoors, because she was afraid to go indoors, she heard these
有一天 当……的时候 贝丝 在室外 因为 它 害怕的 进屋里 它 听见 这些
yǒu yī tiān dāng　　de shí hou bèi sī　　zài shì wài　yīn wèi　tā　hài pà de　　jìn wū li　tā tīng jiàn zhè xiē

sounds come from the garden next door:
声音 来自 花园 隔壁
shēng yīn　lái zì　　huā yuán　gé bì

安格斯和摇尾巴狗贝丝

考考你 声音来自于哪里？

A. 自家花园　　　　　　B. 隔壁花园　　　　　　C. 屋子里

"Meowww!"
　喵
　miāo

"Quack- quack!"
　嘎—嘎
　gā　gā

"Wooof- wooof!"
　呜—弗
　wū　fú

考考你　你觉得这可能是几种动物的叫声？

A. 一种　　　　B. 两种　　　　C. 三种

Then up in the tree came jumping a CAT!
然后 向 上 在树上 跳跃 猫
rán hòu xiàng shàng zài shù shang tiào yuè māo

安格斯和摇尾巴狗贝丝

15

考考你 猫是怎么进来的？

A. 从树篱下爬进来的　　B. 从大门里进来的　　C. 从树上跳过来的

扫码对答案
领现金奖励

Through the hedge came scuttling a DUCK,
穿过　　树篱　　　快跑　　鸭子
chuān guò　shù lí　　kuài pǎo　yā zi

考考你 鸭子是以什么样的姿态进来的？

A. 慢悠悠走进来　　　　B. 跳着进来的　　　　C. 快速跑来的

then came another DUCK!
然后 到来 又一只 鸭子
rán hòu dào lái yòu yī zhī yā zi

考考你 这是进来的第几只鸭子?

A. 第一只 B. 第二只 C. 第三只

安格斯和摇尾巴狗贝丝

18

And then came ANGUS!
然后 到来 安格斯
rán hòu dào lái ān gé sī

考考你 最后进来的是谁？

A. 猫　　　　　　　　B. 鸭子　　　　　　　　C. 安格斯

Bess was so surprised she forgot to be SHY, so she also forgot to be afraid. So —
贝丝　　如此 感到惊讶的 它 忘记　　害羞的 所以 它 也 忘记　　 害怕的 于是
bèi sī　 rú cǐ gǎn dào jīng yà de　tā wàng jì　　hài xiū de　suǒ yǐ tā yě wàng jì　　hài pà de　yú shì

安格斯和摇尾巴狗贝丝

19

考考你

看到这么多伙伴进来，贝丝此时的心情是怎样的？

A. 兴奋的　　　　　　　　B. 害怕的　　　　　　　　C. 惊讶的

安格斯和摇尾巴狗贝丝

20

Bess　　ran with　　Angus　　after the Ducks！
贝丝 和……一起跑 安格斯 跟在鸭子后面
bèi sī hé　　yī qǐ pǎo ān gé sī gēn zài yā zi hòu miàn

考考你 它们跑的前后顺序是怎样的？

A. 鸭子在前，贝丝和安格斯跟在后　　B. 贝丝和安格斯在前，鸭子在后　　C. 三个并排跑

扫码对答案
领现金奖励

"Woooof-woof!" said Angus.
呜—呜—弗　说　安格斯
wū　wū　fú　shuō ān gé sī

"Whoof-whooof!" said Bess.
胡—胡—弗　说　贝丝
hú　hú　fú　shuō bèi sī

考考你 当贝丝学着安格斯也发出"Whoof-whooof"的声音后，贝丝的状态是怎样的？

A. 仍旧是害羞的　　　B. 紧张又害怕　　　C. 已经克服了害羞的心理

安格斯和摇尾巴狗贝丝

22

Around the garden they chased the Ducks,
围绕　　花园　它们　追赶　　鸭子
wéi rào　　huā yuán tā men zhuī gǎn　　yā zi

考考你

它们在哪里奔跑?

A. 在花园周围　　　　B. 河边　　　　C. 马路上

down the path and through the gate, up the
沿着　　小路　　穿过　　大门　顺着
yán zhe　xiǎo lù　chuān guò　dà mén　shùn zhe

road and then in,
马路　　然后进到里面
mǎ lù　　rán hòu jìn dào lǐ miàn

安格斯和摇尾巴狗贝丝

考考你　它们在跑的过程中穿过了什么？

A. 马路　　　　　　　　B. 大门　　　　　　　　C. 小路

the Ducks ran to the garden where they belonged.
鸭子 跑向 花园 它们 属于
yā zi pǎo xiàng huā yuán tā men shǔ yú

考考你 鸭子跑到了哪里？

A. 花园　　　　　　B. 树篱　　　　　　C. 大街

"Woooof!" said Angus and wagged his tail.
鸣—弗　说　安格斯　　　摇　它的尾巴
wū　fú　shuō ān gé sī　　　yáo　tā de wěi ba

"Whooof!" said Bess, and she stuck up her ears and wriggled her middle and wriggled her back
胡—弗　说 贝丝　　　它　竖起　它的耳朵　　扭动　它的腰部　　扭动　它的后背
hú　fú　shuō bèi sī　　　tā　shù qǐ　tā de ěr duo　　niǔ dòng tā de yāo bù　　niǔ dòng tā de hòu bèi

and WAGGED her tail!
　摇　它的尾巴
　yáo　tā de wěi ba

考考你 谁摇了自己的尾巴？

A. 只有安格斯　　　B. 只有贝丝　　　C. 安格斯和贝丝

安格斯和摇尾巴狗贝丝

25

That is how Angus taught Bess to forget to remember to be SHY, and so Bess was never
　　　　　　安格斯　教　贝丝　　忘记　　　记得　　　　害羞的　　所以贝丝　　　永不
　　　　　　ān gé sī　jiāo　bèi sī　wàng jì　　jì de　　　hài xiū de　suǒ yǐ bèi sī　yǒng bù
afraid of things any more.
害怕　事情　再
hài pà　shì qing　zài

这件事后，贝丝发生了什么变化？

A. 仍旧害羞　　　　　　　B. 不再害羞　　　　　　　C. 更加害羞

安格斯和摇尾巴狗贝丝

27

Now every day Bess and Angus and the Cat all PLAY together and Bess is always called
现在 每天 贝丝 安格斯 猫 玩耍 一起 贝丝 总是被称为
xiàn zài měi tiān bèi sī ān gé sī māo wán shuǎ yī qǐ bèi sī zǒng shì bèi chēng wéi

" Wag-Tail-Bess ".
摇尾巴狗贝丝
yáo wěi ba gǒu bèi sī

考考你 每天谁和贝丝在一起玩？

A. 安格斯　　　　　　　　B. 猫　　　　　　　　C. 安格斯和猫

扫码对答案
领现金奖励

安格斯和摇尾巴狗贝丝

28

Because she sticks up her ears and WAGS her tail and SMILES as an Airedale should.
因为 它 竖起 它的耳朵 摇摆它的尾巴 微笑 正如 艾尔谷犬 应该
yīn wèi tā shù qǐ tā de ěr duo yáo bǎi tā de wěi ba wēi xiào zhèng rú ài ěr gǔ quǎn yīng gāi

考考你 现在贝丝每天做什么？

A. 竖起耳朵

B. 摇尾巴和微笑

C. A 和 B

扫码对答案
领现金奖励

英汉对译带拼音版

微信扫码关注公众号，回复"安格斯"听音频

Angus and Wag-tail-Bess

Once there was an Airedale puppy and she was named Wag-Tail-Bess because her mother's name was Bess and her father's name was Wags.

But Wag-Tail-Bess never wagged her tail or stuck up her ears or smiled as an Airedale should, so she was called plain Bess.

Bess was so SHY she was AFRAID of almost everything, although she was big enough to know better.

安格斯和摇尾巴狗贝丝
ān gé sī hé yáo wěi bā gǒu bèi sī

从前，有一只艾尔谷幼犬，因为它妈
cóng qián yǒu yī zhī ài ěr gǔ yòu quǎn yīn wèi tā mā

妈的名字叫贝丝，而它爸爸的名字叫摇
ma de míng zi jiào bèi sī ér tā bà ba de míng zi jiào yáo

尾巴狗，所以给它取名叫摇尾巴狗贝丝。
wěi ba gǒu suǒ yǐ gěi tā qǔ míng jiào yáo wěi ba gǒu bèi sī

但是摇尾巴狗贝丝从来不会像一只
dàn shì yáo wěi ba gǒu bèi sī cóng lái bú huì xiàng yī zhī

艾尔谷犬一样，摇一摇尾巴，把耳朵竖
ài ěr gǔ quǎn yī yàng yáo yī yáo wěi ba bǎ ěr duo shù

起来，或者露出一丝微笑，所以大家都叫
qǐ lái huò zhě lòu chū yī sī wēi xiào suǒ yǐ dà jiā dōu jiào

它平凡的贝丝。
tā píng fán de bèi sī

贝丝很害羞，它几乎对所有的事情都
bèi sī hěn hài xiū tā jī hū duì suǒ yǒu de shì qing dōu

感到害怕，尽管它已经长大了，也该好
gǎn dào hài pà jǐn guǎn tā yǐ jīng zhǎng dà le yě gāi hǎo

好了解这些事儿了。
hǎo liǎo jiě zhè xiē shìr le

When Bess was outdoors she was afraid to come indoors, and when she was indoors she was afraid to go outdoors.

When Bess was taken walking she was afraid to walk forward, so she would try to walk backwards, and when she couldn't go backwards—

she would lie down.

Bess was even afraid to eat her dinner.

She would sniff at it on this side and sniff at it on that side, until at last she would get so hungry, she would gulp down her dinner without chewing it at all.

当贝丝在屋外时,它就害怕进入屋子里。而当它在室内玩的时候,又害怕到屋子外面去。

当贝丝被牵着遛弯时,它总是害怕走在前面,所以它总想着走在后面。

当它没办法走在后面——

它便赖在地上不起来了。

贝丝甚至害怕吃东西。

它这边闻一闻,那边嗅一嗅,直到最后变得饿极了,便狼吞虎咽地吃起来,丝毫不加咀嚼。

Then Bess would be afraid because her tummy ached.

At nighttime Bess was afraid of a STRANGE BLACK CREATURE.

Sometimes IT was small and sometimes IT was large, but always IT would stay with Bess wherever she went, crawling on the floor and climbing up the stairs and down the stairs, and sometimes on the wall.

One day when Bess was outdoors, because she was afraid to go indoors, she heard these sounds come from the garden next door:

接下来，贝丝又害怕起来，因为它的胃
jiē xià lái　bèi sī yòu hài pà qǐ lái　yīn wèi tā de wèi

开始痛了。
kāi shǐ tòng le

到了晚上，贝丝害怕一个奇怪的黑乎
dào le wǎn shang　bèi sī hài pà yī gè qí guài de hēi hū

乎的家伙。
hū de jiā huo

有时它很小，有时又变得很大，无论
yǒu shí tā hěn xiǎo　yǒu shí yòu biàn de hěn dà　wú lùn

贝丝走到哪里，它总是形影不离——趴在
bèi sī zǒu dào nǎ lǐ　tā zǒng shì xíng yǐng bù lí　pā zài

地上，爬到楼梯上，有时又挂在
dì shang　pá dào lóu tī shang　yǒu shí yòu guà zài

墙上。
qiáng shang

有一天，贝丝正在屋外玩儿，害怕进
yǒu yī tiān　bèi sī zhèng zài wū wài wánr　hài pà jìn

到屋里，它听到隔壁花园里传来一阵
dào wū li　tā tīng dào gé bì huā yuán li chuán lái yī zhèn

声响：
shēng xiǎng

"Meowww!"

"Quack-quack!"

"Wooof-wooof!"

Then up in the tree came jumping a CAT!

Through the hedge came scuttling a DUCK,

then came another DUCK!

And then came ANGUS!

Bess was so surprised she forgot to be SHY, so she also forgot to be afraid. So—

Bess ran with Angus after the Ducks!

"Wooof-woof!" said Angus.

"喵—喵!"
miāo miāo

"嘎—嘎!"
gā gā

"呜—弗!"
wū fú

接着，树上跳上去一只猫!
jiē zhe shù shang tiào shàng qù yī zhī māo

篱笆底下钻出一只鸭子。
lí ba dǐ xia zuān chū yī zhī yā zi

接着又钻出了一只鸭子!
jiē zhe yòu zuān chū le yī zhī yā zi

安格斯也来了!
ān gé sī yě lái le

贝丝对这些都感到好奇，它似乎忘记
bèi sī duì zhè xiē dōu gǎn dào hào qí tā sì hū wàng jì

了害羞，也忘记了害怕，于是——
le hài xiū yě wàng jì le hài pà yú shì

贝丝跟安格斯一起追着鸭子。
bèi sī gēn ān gé sī yī qǐ zhuī zhe yā zi

"呜—呜—弗!呜—弗!"安格斯叫道。
wū wū fú wū fú ān gé sī jiào dào

"Whoof-whooof!" said Bess.

Around the garden they chased the Ducks, down the path and through the gate, up the road and then in,

the Ducks ran to the garden where they belonged.

"Woooof!" said Angus and wagged his tail.

"Whooof!" said Bess, and she stuck up her ears and wriggled her middle and wriggled her back and WAGGED her tail!

That is how Angus taught Bess to forget to remember to be SHY, and so Bess was never afraid of things any more.

"胡—弗！胡—胡—弗！"贝丝跟着叫道。
hú fú hú hú fú bèi sī gēn zhe jiào dào

它们绕着花园追着鸭子，
tā men rào zhe huā yuán zhuī zhe yā zi

沿着小路追着，穿过花园的门，
yán zhe xiǎo lù zhuī zhe chuān guò huā yuán de mén

又顺着马路追赶着。
yòu shùn zhe mǎ lù zhuī gǎn zhe

然后，鸭子跑回了自家花园。
rán hòu yā zi pǎo huí le zì jiā huā yuán

"呜—呜—弗！"安格斯叫着，摇着尾巴。
wū wū fú ān gé sī jiào zhe yáo zhe wěi ba

"胡—胡—弗！"贝丝也叫着，它竖起耳
hú hú fú bèi sī yě jiào zhe tā shù qǐ ěr

朵，扭了一下肚子，又晃了一下背，并摇
duo niǔ le yī xià dù zi yòu huàng le yī xià bèi bìng yáo

起了尾巴！
qǐ le wěi ba

就这样，安格斯教会贝丝忘掉了害羞，
jiù zhè yàng ān gé sī jiāo huì bèi sī wàng diào le hài xiū

于是贝丝对什么东西都不感到害怕了。
yú shì bèi sī duì shén me dōng xi dōu bù gǎn dào hài pà le

Now every day Bess and Angus and the Cat all PLAY together and Bess is always called "WAG-TAIL-BESS".

Because she sticks up her ears and WAGS her tail and SMILES as an Airedale should.

每一天，贝丝、安格斯和猫都一起玩耍。打这以后，贝丝就名叫"摇尾巴狗贝丝"了。

它跟任何一只艾尔谷犬一样，竖起了耳朵，摇起了尾巴，露出了笑脸！

考考你

1. 安格斯是如何帮助贝丝战胜恐惧的？

   A. 通过让贝丝忘记害羞　　B. 通过给贝丝讲鼓励的故事　　C. 通过带贝丝去见新朋友

2. 在故事结尾时，贝丝的生活有什么变化？

   A. 贝丝变得更加害羞　　B. 贝丝不再害怕事物，变得勇敢　　C. 贝丝离开了家，开始了新生活

3. 通过这篇文章，孩子们可以学到什么重要的道理？

   A. 逃避问题是解决问题的最佳方法。

   B. 好奇心会给我们带来很多麻烦。

   C. 通过友谊我们可以勇敢面对困难，克服恐惧。

文学审美和鉴赏

《安格斯和摇尾巴狗贝丝》的艺术鉴赏

一、故事情节

《安格斯和摇尾巴狗贝丝》讲述了一只名叫贝丝的艾尔谷犬小狗，由于过度害羞和胆小，生活中充满了恐惧。在一个偶然的机会，贝丝遇到了安格斯——一只勇敢、活泼的小狗。在与安格斯的互动中，贝丝逐渐学会勇敢面对恐惧，找回了自信。

二、形象塑造

贝丝：贝丝是一只害羞、胆小的艾尔谷犬，它的生活充满了对各种事物的恐惧。在故事中，我们看到贝丝在室内害怕出门，在室外害怕进屋，甚至在吃饭时也会感到害怕。这种强烈的恐惧感使得贝丝失去了自信，不能像其他狗一样开心地生活。

安格斯：安格斯是一只勇敢、活泼的小狗，它在故事中扮演着引导者和启示者的角色。与贝丝相遇后，安格斯通过自己的勇敢和乐观，帮助贝丝战胜恐惧，找回了自信。

三、主题思考

本故事向我们传达了一个关于勇敢面对恐惧、战胜自己的主题。在生活中，每个人都有可能会遇到各种挑战和困难，勇敢面对恐惧、战胜自己是我们成长的必经过程。安格斯的出现，让贝丝明白了一个道理：只有勇敢面对自己的恐惧，才能找回自信，过上快乐的生活。

四、结论

故事中的贝丝和安格斯的经历，向我们传达了勇敢面对恐惧、战胜自己的重要信息。这部作品适合儿童阅读，不仅有趣味性，还具有启示性，能够帮助孩子们在成长过程中学会勇敢面对困难、战胜自己的恐惧。

五、艺术表现

绘画风格：这部绘本采用了简洁明快的插画风格，使得整个故事更加生动有趣。插画中的色彩搭配得当，为孩子们带来了视觉上的愉悦体验。

文字叙述：故事中的文字叙述简单易懂，贴近孩子们的认知水平。通过对话的形式，增加了故事的情感张力，让孩子们更容易沉浸在故事情境中。

情感传达：绘本故事通过贝丝和安格斯的经历，传达了友情、勇敢和自信等情感。这些情感对于孩子们的成长具有积极的启示作用，有助于培养他们健康的心理品质。

六、教育意义

《安格斯和摇尾巴狗贝丝》绘本故事不仅具有娱乐性，还具有很高的教育意义。它教育孩子们要勇敢面对生活中的困难和挑战，战胜自己的恐惧，同时也告诉孩子们要珍惜友情，互相帮助，共同成长。

综上所述，《安格斯和摇尾巴狗贝丝》是一部寓教于乐的优秀绘本故事，通过对故事情节、形象塑造、主题思考以及艺术表现的赏析，我们可以看到它对孩子们成长具有积极的启示和教育作用。这部作品值得家长和孩子们一同阅读，分享快乐的阅读时光。

勇敢面对恐惧，成为更好的自己

《安格斯和摇尾巴狗贝丝》这个绘本故事讲述了一只害羞胆小的艾尔谷犬贝丝，在与安格斯的相遇中，学会勇敢面对恐惧，逐渐变得自信勇敢的过程。这个故事用轻松幽默的笔触，向我们传达了一个关于勇敢、友谊和自信的主题，令人感受到生活的美好和温馨。

首先，故事通过贝丝的形象，展示了恐惧和胆怯会对一个生物的生活产生怎样的影响。贝丝害怕一切事物，无论是进屋、出屋、吃饭，甚至是自己的影子，都让它感到不安。这种恐惧让它的生活变得狭隘而不快乐，也使它失去了原本属于一只艾尔谷犬的快乐与自信。

其次，安格斯的出现，为贝丝带来了改变。在安格斯和鸭子们的追逐游戏中，贝丝被这种欢乐的氛围所感染，忘记了自己的害羞和恐惧，开始勇敢地参与其中。这一情节表明，一个正能量的伙伴会对我们产生积极的影响，帮助我们战胜恐惧，找回自信。

再者，贝丝在与安格斯的相处中，逐渐学会了勇敢面对恐惧。它不再害怕进出屋子，不再害怕吃饭，甚至不再害怕自己的影子。这表明，只有勇敢面对恐惧，我们才能真正战胜它，变得更加自信和勇敢。

最后，故事的结尾表达了友谊、勇敢和自信的美好。贝丝、安格斯和猫咪一起玩耍，生活充满了快乐与和谐。贝丝终于找回了属于自己的快乐与自信，成为了一只真正的"摇尾巴狗"。

总之，《安格斯和摇尾巴狗贝丝》这个绘本故事以其生动的描绘和幽默的文字，向我们传递了勇敢面对恐惧、珍惜友谊、建立自信的重要信息。它提醒我们，只有勇敢地去面对恐惧，才能真正战胜它；而在这个过程中，一个好朋友的陪伴和支持也是无价的。

安格斯和托普茜
ANGUS AND TOPSY

THE ADVENTURES OF ANGUS
安格斯奇遇记 (5)

[美] 玛乔里·弗莱克 著
程来川 编

山东城市出版传媒集团·济南出版社

重难点单词表

单词	读音	释义	标记	频率
girl	/gɜːl/	n. 女孩	Ⓐ①②③④⑤⑥⑦⑧⑨	8
home	/həʊm/	n. 家	Ⓐ①②③④⑤⑥⑦⑧⑨	8
walk	/wɔːk/	v. 散步	Ⓐ①②③④⑤⑥⑦⑧⑨	8
people	/ˈpiːpəl/	n. 人们	Ⓐ①②③④⑤⑥⑦⑧⑨	8
hope	/həʊp/	v. 希望	Ⓐ①②③④⑤⑥⑦⑧⑨	6
somebody	/ˈsʌmbədi/	pron. 某人	Ⓐ①②③④⑤⑥⑦⑧⑨	6
shop	/ʃɒp/	n. 商店	Ⓐ①②③④⑤⑥⑦⑧⑨	6
real	/rɪəl/	adj. 真正的	Ⓐ①②③④⑤⑥⑦⑧⑨	6
live	/lɪv/	v. 居住	Ⓐ①②③④⑤⑥⑦⑧⑨	6
hear	/hɪə/	v. 听见	Ⓐ①②③④⑤⑥⑦⑧⑨	4
say	/seɪ/	v. 说	Ⓐ①②③④⑤⑥⑦⑧⑨	4
sweet	/swiːt/	adj. 可爱的	Ⓐ①②③④⑤⑥⑦⑧⑨	4
puppy	/ˈpʌpi/	n. 幼犬	Ⓐ①②③④⑤⑥⑦⑧⑨	3
wag	/wæg/	v. 摇摆	Ⓐ①②③④⑤⑥⑦⑧⑨	3
tail	/teɪl/	n. 尾巴	Ⓐ①②③④⑤⑥⑦⑧⑨	3
buy	/baɪ/	v. 买	Ⓐ①②③④⑤⑥⑦⑧⑨	3
garden	/ˈgɑːdn/	n. 花园	Ⓐ①②③④⑤⑥⑦⑧⑨	3
give	/gɪv/	v. 给	Ⓐ①②③④⑤⑥⑦⑧⑨	3
collar	/ˈkɒlə/	n. 项圈	Ⓐ①②③④⑤⑥⑦⑧⑨	3
write	/raɪt/	v. 写	Ⓐ①②③④⑤⑥⑦⑧⑨	3
leash	/liːʃ/	n. 狗绳	Ⓐ①②③④⑤⑥⑦⑧⑨	3
woolly	/ˈwʊli/	adj. 羊毛的	Ⓐ①②③④⑤⑥⑦⑧⑨	3
blue	/bluː/	adj. 蓝色的	Ⓐ①②③④⑤⑥⑦⑧⑨	3
sweater	/ˈswetə/	n. 毛线衣	Ⓐ①②③④⑤⑥⑦⑧⑨	3

安格斯和托普茜

单词	读音	释义	标记	频率
cold	/kəʊld/	adj. 冷的	Ⓐ①②③④⑤⑥⑦⑧⑨	3
galosh	/gəˈlɒʃ/	n. 胶套鞋	Ⓐ①②③④⑤⑥⑦⑧⑨	3
hide	/haɪd/	v. 隐藏	Ⓐ①②③④⑤⑥⑦⑧⑨	3
tear	/tɪə/	v. 撕开	Ⓐ①②③④⑤⑥⑦⑧⑨	3
chew	/tʃuː/	v. 咀嚼	Ⓐ①②③④⑤⑥⑦⑧⑨	3
dish	/dɪʃ/	n. 餐盘	Ⓐ①②③④⑤⑥⑦⑧⑨	2
eat	/iːt/	v. 吃	Ⓐ①②③④⑤⑥⑦⑧⑨	2
supper	/ˈsʌpə/	n. 晚餐	Ⓐ①②③④⑤⑥⑦⑧⑨	2
into	/ˈɪntuː/	prep. 到……里	Ⓐ①②③④⑤⑥⑦⑧⑨	2
spatter	/ˈspætə/	v. 溅	Ⓐ①②③④⑤⑥⑦⑧⑨	2
ribbon	/ˈrɪbən/	n. 缎带	Ⓐ①②③④⑤⑥⑦⑧⑨	2
like	/laɪk/	v. 喜欢	Ⓐ①②③④⑤⑥⑦⑧⑨	2
beautiful	/ˈbjuːtəfl/	adj. 漂亮的	Ⓐ①②③④⑤⑥⑦⑧⑨	2
green	/griːn/	adj. 绿色的	Ⓐ①②③④⑤⑥⑦⑧⑨	2
sleep	/sliːp/	v. 睡觉	Ⓐ①②③④⑤⑥⑦⑧⑨	2
yellow	/ˈjeləʊ/	adj. 黄色的	Ⓐ①②③④⑤⑥⑦⑧⑨	2
blanket	/ˈblæŋkɪt/	n. 毯子	Ⓐ①②③④⑤⑥⑦⑧⑨	2
rubber	/ˈrʌbə/	n. 橡胶	Ⓐ①②③④⑤⑥⑦⑧⑨	2
bone	/bəʊn/	n. 骨头	Ⓐ①②③④⑤⑥⑦⑧⑨	2
instead	/ɪnˈsted/	adv. 却	Ⓐ①②③④⑤⑥⑦⑧⑨	2
many	/ˈmeni/	adj. 许多的	Ⓐ①②③④⑤⑥⑦⑧⑨	2
rug	/rʌg/	n. 地毯	Ⓐ①②③④⑤⑥⑦⑧⑨	2
slide	/slaɪd/	v. 滑行	Ⓐ①②③④⑤⑥⑦⑧⑨	2
nice	/naɪs/	adj. 漂亮的	Ⓐ①②③④⑤⑥⑦⑧⑨	2

安格斯和托普茜

单词	读音	释义	标记	频率
feather	/ˈfeðə/	n. 羽毛	Ⓐ①②③④⑤⑥⑦⑧⑨	2
inside	/ɪnˈsaɪd/	prep. 在……里	Ⓐ①②③④⑤⑥⑦⑧⑨	2
pillow	/ˈpɪləʊ/	n. 靠垫，枕头	Ⓐ①②③④⑤⑥⑦⑧⑨	2
strange	/streɪndʒ/	adj. 奇怪的	Ⓐ①②③④⑤⑥⑦⑧⑨	2
wire	/waɪə/	n. 金属线	Ⓐ①②③④⑤⑥⑦⑧⑨	2
sofa	/ˈsəʊfə/	n. 沙发	Ⓐ①②③④⑤⑥⑦⑧⑨	2
soon	/suːn/	adv. 很快	Ⓐ①②③④⑤⑥⑦⑧⑨	2
so	/səʊ/	adv. 如此	Ⓐ①②③④⑤⑥⑦⑧⑨	2
sad	/sæd/	adj. 难过的	Ⓐ①②③④⑤⑥⑦⑧⑨	2
naughty	/ˈnɔːti/	adj. 淘气的	Ⓐ①②③④⑤⑥⑦⑧⑨	2
cellar	/ˈselə/	n. 地窖	Ⓐ①②③④⑤⑥⑦⑧⑨	2
climb	/klaɪm/	v. 攀爬	Ⓐ①②③④⑤⑥⑦⑧⑨	2
coal	/kəʊl/	n. 煤	Ⓐ①②③④⑤⑥⑦⑧⑨	2
window	/ˈwɪndəʊ/	n. 窗户	Ⓐ①②③④⑤⑥⑦⑧⑨	1
through	/θruː/	v. 穿过	Ⓐ①②③④⑤⑥⑦⑧⑨	1
tulip	/ˈtjuːlɪp/	n. 郁金香	Ⓐ①②③④⑤⑥⑦⑧⑨	1
pansy	/ˈpænzi/	n. 紫罗兰	Ⓐ①②③④⑤⑥⑦⑧⑨	1
romp	/rɒmp/	v. 嬉闹	Ⓐ①②③④⑤⑥⑦⑧⑨	1
around	/əˈraʊnd/	prep. 围着	Ⓐ①②③④⑤⑥⑦⑧⑨	1
next	/nekst/	adj. 离得最近的	Ⓐ①②③④⑤⑥⑦⑧⑨	1
ground	/graʊnd/	n. 地面	Ⓐ①②③④⑤⑥⑦⑧⑨	1
bounce	/baʊns/	v. 弹跳	Ⓐ①②③④⑤⑥⑦⑧⑨	1
ball	/bɔːl/	n. 球	Ⓐ①②③④⑤⑥⑦⑧⑨	1
lick	/lɪk/	v. 舔	Ⓐ①②③④⑤⑥⑦⑧⑨	1

单词	读音	释义	标记	频率
cheek	/tʃiːk/	n. 脸颊	Ⓐ①②③④⑤⑥⑦⑧⑨	1
suppertime	/ˈsʌpətaɪm/	n. 晚饭时间	Ⓐ①②③④⑤⑥⑦⑧⑨	1
with	/wɪð/	prep. 和……一起	Ⓐ①②③④⑤⑥⑦⑧⑨	1
small	/smɔːl/	adj. 小的	Ⓐ①②③④⑤⑥⑦⑧⑨	1
bowl	/bəʊl/	n. 碗	Ⓐ①②③④⑤⑥⑦⑧⑨	1
fit	/fɪt/	v. 适合	Ⓐ①②③④⑤⑥⑦⑧⑨	1
nicely	/ˈnaɪsli/	adv. 令人满意地	Ⓐ①②③④⑤⑥⑦⑧⑨	1
neatly	/ˈniːtlɪ/	adv. 整洁地	Ⓐ①②③④⑤⑥⑦⑧⑨	1
cosy	/ˈkəʊzi/	adj. 舒适的	Ⓐ①②③④⑤⑥⑦⑧⑨	1
happy	/ˈhæpi/	adj. 高兴的	Ⓐ①②③④⑤⑥⑦⑧⑨	1
knock	/nɒk/	n. 敲击声	Ⓐ①②③④⑤⑥⑦⑧⑨	1
door	/dɔː/	n. 门	Ⓐ①②③④⑤⑥⑦⑧⑨	1
cry	/kraɪ/	v. 哭泣	Ⓐ①②③④⑤⑥⑦⑧⑨	1
ask	/ɑːsk/	v. 问	Ⓐ①②③④⑤⑥⑦⑧⑨	1
kindly	/ˈkaɪndli/	adv. 和蔼地	Ⓐ①②③④⑤⑥⑦⑧⑨	1
keep	/kiːp/	v. 留着	Ⓐ①②③④⑤⑥⑦⑧⑨	1
without	/wɪðˈaʊt/	prep. 没有	Ⓐ①②③④⑤⑥⑦⑧⑨	1
any	/ˈeni/	pron. & adj. 任何(的)	Ⓐ①②③④⑤⑥⑦⑧⑨	1
kind	/kaɪnd/	adj. 和蔼的	Ⓐ①②③④⑤⑥⑦⑧⑨	1
need	/niːd/	v. 需要	Ⓐ①②③④⑤⑥⑦⑧⑨	1
old	/əʊld/	adj. 年老的	Ⓐ①②③④⑤⑥⑦⑧⑨	1
lady	/ˈleɪdi/	n. 女士	Ⓐ①②③④⑤⑥⑦⑧⑨	1
large	/lɑːdʒ/	adj. 大的	Ⓐ①②③④⑤⑥⑦⑧⑨	1
tidy	/ˈtaɪdi/	adj. 整洁的	Ⓐ①②③④⑤⑥⑦⑧⑨	1

安格斯和托普茜

单词	读音	释义	标记	频率
middle	/ˈmɪdl/	n. 中间	Ⓐ①②③④⑤⑥⑦⑧⑨	1
children	/ˈtʃɪldrən/	n. 孩子	Ⓐ①②③④⑤⑥⑦⑧⑨	1
grandchild	/ˈgræntʃaɪld/	n. 孙子	Ⓐ①②③④⑤⑥⑦⑧⑨	1
nephew	/ˈnefjuː/	n. 侄子，外甥	Ⓐ①②③④⑤⑥⑦⑧⑨	1
niece	/niːs/	n. 侄女，外甥女	Ⓐ①②③④⑤⑥⑦⑧⑨	1
baby	/ˈbeɪbi/	adj. 幼小的 n. 婴儿	Ⓐ①②③④⑤⑥⑦⑧⑨	1
especially	/ɪˈspeʃəli/	adv. 特别	Ⓐ①②③④⑤⑥⑦⑧⑨	1
anybody	/ˈeniˌbɒdi/	pron. 任何人	Ⓐ①②③④⑤⑥⑦⑧⑨	1
lonesome	/ˈləʊnsəm/	adj. 寂寞的	Ⓐ①②③④⑤⑥⑦⑧⑨	1
watch	/wɒtʃ/	v. 注视	Ⓐ①②③④⑤⑥⑦⑧⑨	1
bark	/bɑːk/	v. 吠叫	Ⓐ①②③④⑤⑥⑦⑧⑨	1
every day		每天	Ⓐ①②③④⑤⑥⑦⑧⑨	3
take away		带走	Ⓐ①②③④⑤⑥⑦⑧⑨	3
go away		离开	Ⓐ①②③④⑤⑥⑦⑧⑨	3
belong to		属于	Ⓐ①②③④⑤⑥⑦⑧⑨	3
no one		没有人	Ⓐ①②③④⑤⑥⑦⑧⑨	2
tie up		把……捆绑起来	Ⓐ①②③④⑤⑥⑦⑧⑨	2
dust bin		垃圾桶	Ⓐ①②③④⑤⑥⑦⑧⑨	2
play with		玩……	Ⓐ①②③④⑤⑥⑦⑧⑨	2
shop window		商店橱窗	Ⓐ①②③④⑤⑥⑦⑧⑨	2
no longer		不再	Ⓐ①②③④⑤⑥⑦⑧⑨	2
have to		不得不	Ⓐ①②③④⑤⑥⑦⑧⑨	2
back gate		后门	Ⓐ①②③④⑤⑥⑦⑧⑨	1
up and down		到处	Ⓐ①②③④⑤⑥⑦⑧⑨	1

词组	释义	标记	频率
in front of	在……的前面	Ⓐ①②③④⑤⑥⑦⑧⑨	1
rubber ball	橡皮球	Ⓐ①②③④⑤⑥⑦⑧⑨	1
go home	回家	Ⓐ①②③④⑤⑥⑦⑧⑨	1
so that	以便	Ⓐ①②③④⑤⑥⑦⑧⑨	1
go to bed	上床睡觉	Ⓐ①②③④⑤⑥⑦⑧⑨	1
the next day	第二天	Ⓐ①②③④⑤⑥⑦⑧⑨	1
pussy cat	小猫咪	Ⓐ①②③④⑤⑥⑦⑧⑨	1
hide...away	把……隐藏	Ⓐ①②③④⑤⑥⑦⑧⑨	1
now that	既然	Ⓐ①②③④⑤⑥⑦⑧⑨	1

英语单词随文释义版

扫码听音频,想听哪里点哪里

Once there was a little cocker spaniel
从前　有　　小的　　可卡犬
cóng qián　yǒu　　xiǎo de　　kě kǎ quǎn

puppy named Topsy, and all the HOME
幼犬 叫作 托普茜　　所有的　　家
yòu quǎn jiào zuò tuō pǔ xī　suǒ yǒu de　jiā

she had was a shop window.
它　拥有的　　　　商店橱窗
tā　yōng yǒu de　　shāng diàn chú chuāng

When Topsy was a baby puppy she had belonged to her mother, but now that she was
当……的时候 托普茜 是　　幼犬　它　属于　它的 母亲　但是　既然　它
dāng de shí hou tuō pǔ xī shì　yòu quǎn tā　shǔ yú　tā de mǔ qīn　dàn shì　jì rán tā

older Topsy did not belong especially to anybody. So Topsy was very lonesome.
更大的 托普茜　　　属于　特别地　任何人　因此 托普茜　　非常　寂寞的
gèng dà de tuō pǔ xī　　shǔ yú　tè bié de　rèn hé rén　yīn cǐ tuō pǔ xī　fēi cháng　jì mò de

Every day Topsy would watch OTHER DOGS out walking with the PEOPLE they belonged to, and
每天　托普茜　　注视 其他的　狗　外出散步　　　人们　它们　属于
měi tiān　tuō pǔ xī　zhù shì qí tā de gǒu　wài chū sàn bù　rén men　tā men　shǔ yú

every day Topsy would hope that SOMEBODY who needed a little dog would come into the shop and
每天　托普茜　希望　　某人　　需要　小狗　　　走进　　商店
měi tiān　tuō pǔ xī　xī wàng　mǒu rén　xū yào　xiǎo gǒu　zǒu jìn　shāng diàn

take her away to a real HOME to live in.
带走　　真正的　　家　住进
dài zǒu　zhēn zhèng de　jiā　zhù jìn

安格斯和托普茜

9

考考你　托普茜渴望拥有什么？

A. 一个商店橱窗　　　　　B. 一个小狗　　　　　C. 一个真正的家

扫码对答案
领现金奖励

One day Topsy saw a little girl and her
一天 托普茜 看见 小女孩 她的
yī tiān tuō pǔ xī kàn jiàn xiǎo nǚ hái tā de

mother walking by. Topsy heard the little girl
母亲 走过 托普茜 听见 小女孩
mǔ qīn zǒu guò tuō pǔ xī tīng jiàn xiǎo nǚ hái

say, "Look, Mother, look at the sweet little dog!"
说 看 妈妈 看着 可爱的 小狗
shuō kàn mā ma kàn zhe kě ài de xiǎo gǒu

Topsy barked and wagged her little tail, and the
托普茜 吠叫 摇摆 它的 小尾巴
tuō pǔ xī fèi jiào yáo bǎi tā de xiǎo wěi ba

little girl said, "Please, Mother, please buy me the
小女孩 说 请 妈妈 请 买 我
xiǎo nǚ hái shuō qǐng mā ma qǐng mǎi wǒ

sweet little dog!!" But the mother said, "No,
可爱的 小狗 但是 妈妈 说 不行
kě ài de xiǎo gǒu dàn shì mā ma shuō bù xíng

Judy," and they went away.
朱迪 她们 走开
zhū dí tā men zǒu kāi

考考你 小女孩想要做什么？

A. 把托普茜购买后带回家　　B. 购买一只小狗娃娃　　C. 每天来看托普茜

Every day after that Topsy would see the little girl named Judy go by the shop window
每天 在那之后 托普茜 看见 小女孩 叫作 朱迪 经过 商店橱窗
měi tiān zài nà zhī hòu tuō pǔ xī kàn jiàn xiǎo nǚ hái jiào zuò zhū dí jīng guò shāng diàn chú chuāng

with her mother, and every day after that Topsy would hear the little girl say, "Please,
和……一起 她的 妈妈 每一天 在那之后 托普茜 听见 小女孩 说 求求你了
hé yī qǐ tā de māma měi yī tiān zài nà zhī hòu tuō pǔ xī tīng jiàn xiǎo nǚ hái shuō qiú qiú nǐ le

Mother, please buy me the sweet little dog," and the mother always said, " No , Judy," and they would
妈妈 请 买 我 可爱的 小狗 妈妈 总是 说 不行 朱迪 她们
māma qǐng mǎi wǒ kě ài de xiǎo gǒu māma zǒng shì shuō bù xíng zhū dí tā men

go away.
离开
lí kāi

安格斯和托普茜

11

考考你

从那之后,小女孩多久去一次商店橱窗?

A. 每天都去 B. 每周去一次 C. 每月去一次

Then at last SOMEBODY did come into the shop
然后 最后 某人 进入 商店
rán hòu zuì hòu mǒu rén jìn rù shāng diàn
and take Topsy away to a real HOME
托普茜把…… 带走 真正的 家
tuō pǔ xī bǎ dài zǒu zhēn zhèng de jiā
to live in.
住进
zhù jìn

But this somebody was not the little girl named
但是 这个人 那个小女孩 叫作
dàn shì zhè ge rén nà ge xiǎo nǚ hái jiào zuò
Judy. This somebody was a little old lady
朱迪 这个人 小个子的 年老的女士
zhū dí zhè ge rén xiǎo gè zi de nián lǎo de nǚ shì
named Miss Samantha Littlefield.
名为 小姐 萨曼莎·利特菲尔德
míng wéi xiǎo jiě sà màn shā lì tè fēi ěr dé

Miss Samantha lived in a very large tidy house in the middle of a very large
萨曼莎小姐 居住在 非常 大的 整洁的 房子 在……中间 非常 大的
sà màn shā xiǎo jiě jū zhù zài fēi cháng dà de zhěng jié de fáng zi zài zhōng jiān fēi cháng dà de
tidy garden,
整洁的花园
zhěng jié de huā yuán

考考你 萨曼莎小姐住在什么样的房子里？

A. 干净的大房子里，但是没有花园　B. 很大但也很凌乱的房子里　C. 大而整洁的房子，还有一个大花园

and Miss Samantha was very glad to have Topsy belong to her because she had no one else belonging to her such as children or grandchildren or nephews or nieces or people like that. Miss Samantha gave Topsy a new collar with "Topsy" written on it, and a new leash and a woolly blue sweater for cold days and some galoshes for wet days.

考考你

萨曼莎小姐为托普茜的到来准备得怎样？

A. 准备齐全　　　　B. 没做准备　　　　C. 只准备了一条新狗绳

安格斯和托普茜

14

But	Topsy		hid	her	leash	and	tore	her	blue	sweater	and	chewed
但是	托普茜	把……	藏起来	它的	狗绳		撕开	它的	蓝色的	毛线衣		咀嚼
dàn shì	tuō pǔ xī	bǎ	cáng qǐ lái	tā de	gǒu shéng		sī kāi	tā de	lán sè de	máo xiàn yī		jǔ jué

her galoshes.
它的 胶 套 鞋
tā de jiāo tào xié

考考你 托普茜怎么对待萨曼莎小姐准备的东西的？

A. 细心使用　　　　　　B. 不敢使用　　　　　　C. 毫不在乎

Miss Samantha gave Topsy a large blue dish to eat out of, but when Topsy tried to eat her supper—SPLASH!—went Topsy's long ears into the dish, and out spattered her supper all over the floor and all over Topsy.

考考你 托普茜用蓝色盘子吃饭用得怎样?

A. 非常顺利　　　B. 很是喜欢　　　C. 非常糟糕

So　Miss Samantha　　　　tied up　　　　　Topsy's　ears．
因此 萨曼莎小姐 把…… 捆绑 起来 托普茜的 耳朵
yīn cǐ　sà màn shā xiǎo jiě bǎ　　kǔn bǎng qǐ lái　tuō pǔ xī de　ěr duo

Miss Samantha　　　　tied up　　　　Topsy's　ears with a　red　ribbon，but　then　Topsy
萨曼莎小姐 把…… 捆绑 起来 托普茜的 耳朵　　红色的 缎带 但是 然后 托普茜
sà màn shā xiǎo jiě bǎ　　kǔn bǎng qǐ lái　tuō pǔ xī de　ěr duo　　hóng sè de　duàn dài　dàn shì　rán hòu　tuō pǔ xī

would not　　eat out of　　her　new　blue　dish．Topsy　liked　the　dust bin better．
用…… 进餐 它的 新的 蓝色的 盘子 托普茜 喜欢　 垃圾桶 更
yòng　　jìn cān　tā de　xīn de　lán sè de　pán zi　tuō pǔ xī　xǐ huān　　lā jī tǒng　gèng

考考你 萨曼莎小姐用一根红色缎带做了什么？

A. 绑住了托普茜的耳朵　　B. 拴住了托普茜的腿　　C. 绑住了托普茜的尾巴

Miss Samantha gave Topsy a beautiful new bed with a green pillow to sleep on and a
萨曼莎小姐　给　托普茜　漂亮的　新的　床　　　绿色的　枕头　　在上面睡觉
sà màn shā xiǎo jiě　gěi　tuō pǔ xī　piào liang de　xīn de　chuáng　lǜ sè de　zhěn tou　zài shàng miàn shuì jiào

yellow blanket to sleep under.
黄色的　毯子　　睡觉在……下面
huáng sè de　tǎn zi　shuì jiào zài　xià miàn

安格斯和托普茜

考考你　托普茜的枕头是什么颜色的？
　　A. 蓝色的　　　　B. 绿色的　　　　C. 黄色的

安格斯和托普茜

18

But　Topsy　liked　Miss Samantha's　bed　better.
但是　托普茜　喜欢　萨曼莎小姐　床　更
dàn shì　tuō pǔ xī　xǐ huān　sà màn shā xiǎo jiě　chuáng　gèng

考考你 托普茜更喜欢谁的床？

A. 它的新床　　　　　　B. 它的旧床　　　　　　C. 萨曼莎小姐的床

扫码对答案
领现金奖励

安格斯和托普茜

Miss Samantha gave Topsy a rubber bone to play with, but Topsy found a real bone
萨曼莎小姐 给 托普茜 橡胶骨头 玩耍 但是托普茜 找到 真正的骨头
sà màn shā xiǎo jiě gěi tuō pǔ xī xiàng jiāo gǔ tou wán shuǎ dàn shì tuō pǔ xī zhǎo dào zhēn zhèng de gǔ tou

instead. Topsy hid the real bone, hid it away in Miss Samantha's
托普茜 把……藏起来 真正的骨头 把……藏起来 萨曼莎小姐的
tuō pǔ xī bǎ cáng qǐ lái zhēn zhèng de gǔ tou bǎ cáng qǐ lái sà màn shā xiǎo jiě de

bed, and then Topsy found many things to play with.
床 然后托普茜 找到 许多的 东西 玩耍
chuáng rán hòu tuō pǔ xī zhǎo dào xǔ duō de dōng xi wán shuǎ

Topsy found rugs to slide on and to crawl under.
托普茜 找到地毯 滑行在……上面 爬行在……下面
tuō pǔ xī zhǎo dào dì tǎn huá xíng zài shàng miàn pá xíng zài xià miàn

考考你

托普茜把真骨头藏在了哪里？

A. 床下面　　　　　　B. 床上面　　　　　　C. 地毯下面

安格斯和托普茜

20

Topsy found feathers inside the sofa pillows,
托普茜 发现 羽毛 在……里 沙发 靠垫
tuō pǔ xī fā xiàn yǔ máo zài lǐ shā fā kào diàn

考考你 沙发靠垫里有什么？
A. 棉花　　　　　　　B. 羽毛　　　　　　　C. 鹅绒

安格斯和托普茜

21

and Topsy found strange wire things inside the sofa, and soon Topsy found so many
托普茜 发现 奇怪的 金属线 东西 在……里 沙发 很快 托普茜 发现 如此多的
tuō pǔ xī fā xiàn qí guài de jīn shǔ xiàn dōng xi zài lǐ shā fā hěn kuài tuō pǔ xī fā xiàn rú cǐ duō de

things to play with that Miss Samantha's large house was no longer tidy, and Miss Samantha was
东西 玩耍 萨曼莎小姐的 大的 房子 不再 整洁的 萨曼莎小姐
dōng xi wán shuǎ sà màn shā xiǎo jiě de dà de fáng zi bù zài zhěng jié de sà màn shā xiǎo jiě

very sad.
非常 难过的
fēi cháng nán guò de

考考你 萨曼莎小姐为什么难过？

A. 托普茜离开了她　　B. 托普茜不喜欢她的家　　C. 托普茜把她家弄得不再整洁

安格斯和托普茜

Miss Samantha said, "Topsy, you are a very naughty little dog. You will have to
萨曼莎小姐 说　　　托普茜　你　　　 非常　淘气的　小狗　你　　　不得不
sà màn shā xiǎo jiě shuō   tuō pǔ xī   nǐ   fēi cháng táo qì de xiǎo gǒu nǐ   bù dé bù

live in the cellar."
居住在……里面　地窖
jū zhù zài   lǐ miàn dì jiào

So Topsy was very sad because she had to live in the cellar.
所以 托普茜　　　 伤心的　因为　它不得不居住在……里面　　地窖
suǒ yǐ tuō pǔ xī   shāng xīn de yīn wèi tā bù dé bù jū zhù zài lǐ miàn dì jiào

考考你 托普茜被要求住在哪里？

A. 床底下　　　　　　B. 地窖里　　　　　　C. 沙发下

安格斯和托普茜

23

But　Topsy　was not　　sad　　for long, because she　　climbed up　　　　the coal and out of a window
但是 托普茜　　　　伤心的　长久　因为 它 爬到……上　面　　煤　　　　窗　户
dàn shì tuō pǔ xī　　　shāng xīn de cháng jiǔ　yīn wèi　tā pá dào　　shàng miàn　　méi　　　chuāng hu
and into the　large　　tidy　　garden.
　　　　　　巨大的 整洁的 花 园
　　　　　　 jù dà de zhěng jié de huā yuán

考考你 托普茜最后来到了哪里?

A. 煤上　　　　　　　　　B. 窗户上　　　　　　　　C. 花园里

安格斯和托普茜

24

Topsy ran through tulips   and over the pansies,
托普茜 跑 穿过 郁金香   越过   紫罗兰
tuō pǔ xī pǎo chuān guò yù jīn xiāng yuè guò   zǐ luó lán

考考你 托普茜一路上遇到了什么?

A. 郁金香和玫瑰花　　　　B. 郁金香和紫罗兰　　　　C. 只有紫罗兰

and under the back gate.
在……下　　后 门
zài　　xià　　hòu mén

安格斯和托普茜

25

考考你 现在安格斯来到了哪里?

A. 紫丁香花园　　　　　　　B. 后门　　　　　　　C. 前门

安格斯和托普茜

26

And there was Angus.
在那里　　安格斯
zài nà lǐ　　ān gé sī

"Yip-yip!" said Topsy.
汪—汪　说　托普茜
wāng wāng　shuō tuō pǔ xī

"Woof-woof!" said Angus.
呜—呜　说　安格斯
wū wū　shuō ān gé sī

考考你 托普茜碰到了谁？

A. 安格斯　　　　　B. 萨曼莎小姐　　　　　C. 摇尾巴狗贝丝

安格斯和托普茜

27

So   Angus   and   Topsy   romped up and down and around the garden and   under   the hedge into the
因此 安格斯   托普茜   嬉闹   到处   绕着   花园   在……下   树篱
yīn cǐ ān gé sī   tuō pǔ xī   xī nào   dào chù   rào zhe   huā yuán   zài   xià   shù lí
next   garden.
隔壁的 花 园
gé bì de huā yuán

考考你 它们怎样到了隔壁花园？

A. 翻过围栏　　　　　　　　B. 从大门过去　　　　　　　　C. 从树篱下

扫码对答案
领现金奖励

安格斯和托普茜

28

And there was Wag-Tail-Bess !
　　在那里　　摇尾巴狗贝丝
　　zài nà lǐ　　yáo wěi ba gǒu bèi sī

So Angus and Topsy and Wag-Tail-Bess all romped up and down and around and around.
因此 安格斯　托普茜　摇尾巴狗贝丝　嬉闹　到处　　一圈又一圈
yīn cǐ ān gé sī　tuō pǔ xī　yáo wěi ba gǒu bèi sī　xī nào　dào chù　yī quān yòu yī quān

考考你 这会儿有几个小伙伴在一起玩？

A. 1个　　　　B. 两个　　　　C. 三个

安格斯和托普茜

29

Then — plop — plop — on the ground　in front of　Topsy bounced a　red　rubber ball!
然后　啪嗒　　　　　　　地面　在……的前面　托普茜　弹跳　红色的　橡皮球
rán hòu　pā dā　　　　　dì miàn　zài　de qián miàn　tuō pǔ xī　tán tiào　hóng sè de　xiàng pí qiú

考考你　在托普茜的前面有一个什么弹跳了起来？

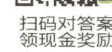

A. 一个红色的橡皮球　　　B. 一个红色的气球　　　C. 一个蓝色的橡皮球

安格斯和托普茜

30

Topsy saw a little girl looking over the wall.
托普茜看见　小女孩 越过……看　　墙
tuō pǔ xī kàn jiàn　xiǎo nǔ hái yuè guò　　kàn　　qiáng

考考你　托普茜看见了什么？

A. 一面墙　　　　　　B. 一个女孩　　　　　　C. 一个老太太

安格斯和托普茜

31

Topsy saw a little girl come running for her ball.
托普茜 看见　小女孩　　　　跑　　她的球
tuō pǔ xī kàn jiàn　xiǎo nǚ hái　　pǎo　　tā de qiú

考考你　小女孩在追赶什么？

A. 托普茜　　　　　B. 鸭子　　　　　C. 她的球

安格斯和托普茜

And Topsy saw that this little girl was JUDY!
托普茜 看见 小女孩 朱迪
tuō pǔ xī kàn jiàn xiǎo nǚ hái zhū dí

"Yip-yip!" barked Topsy and wagged her little tail, and Judy said, "Why, it's my own
汪—汪 吠叫 托普茜 摇摆 它的 小尾巴 朱迪 说 哎呀 它是我的自己的
wāng wāng fèi jiào tuō pǔ xī yáo bǎi tā de xiǎo wěi ba zhū dí shuō āi yā tā shì wǒ de zì jǐ de

little dog, my own little, sweet little dog who lived in the shop window!"
小狗 我的自己的小小的可爱的 小狗 居住在商店橱窗里
xiǎo gǒu wǒ de zì jǐ de xiǎo xiǎo de kě ài de xiǎo gǒu jū zhù zài shāng diàn chú chuāng li

考考你 你觉得朱迪看到托普茜的时候心情是什么样的？

A. 愤怒的　　　　　　　　B. 开心的　　　　　　　　C. 惋惜的

安格斯和托普茜

33

And Topsy licked Judy's red cheeks, and then Angus and Wag-Tail-Bess and Topsy and
　　托普茜　舔　朱迪的　红色的　脸颊　　　然后安格斯　　摇尾巴狗贝丝　　　托普茜
　　tuō pǔ xī　tiǎn　zhū dí de　hóng sè de　liǎn jiá　　　rán hòu ān gé sī　yáo wěi ba gǒu bèi sī　tuō pǔ xī

Judy all romped together until supper time.
朱迪　全部都　嬉闹　一起　直到晚饭时间
zhū dí　quán bù dōu　xī nào　yī qǐ　zhí dào wǎn fàn shí jiān

考考你　他们玩到了什么时候？

A. 晚饭时间　　　　B. 深夜　　　　C. 放学时间

安格斯和托普茜

Then Angus went home to his house, and
然后 安格斯 回家 它的 房子
rán hòu ān gé sī huí jiā tā de fáng zi

Bess went home to her house, and when
贝丝 回家 它的 房子 当……的时候
bèi sī huí jiā tā de fáng zi dāng de shí hou

Judy went home to her house Topsy went
朱迪 回家 她的 房子 托普茜
zhū dí huí jiā tā de fáng zi tuō pǔ xī

with her. And Judy gave Topsy some supper
和……一起 她 朱迪 给 托普茜 一些 晚餐
hé yī qǐ tā zhū dí gěi tuō pǔ xī yī xiē wǎn cān

out of a small yellow bowl so that Topsy's
小的 黄色的 碗 以便 托普茜的
xiǎo de huáng sè de wǎn yǐ biàn tuō pǔ xī de

long ears fitted nicely over it, and Topsy ate
长的 耳朵 适合 恰好地 它 托普茜 吃
cháng de ěr duo shì hé qià hǎo de tā tuō pǔ xī chī

all her supper very neatly.
所有的 它的 晚餐 非常 干净地
suǒ yǒu de tā de wǎn cān fēi cháng gān jìng de

34

考考你 托普茜晚饭是用什么吃的？

A. 一个黄色的大碗　　　B. 一个红色的小碗　　　C. 一个黄色的小碗

When Judy went to bed she made
当……的时候 朱迪 上 床 睡觉 她 制作
dāng　　　　de shí hòu　zhū dí　shàng chuáng shuì jiào　tā　zhì zuò

a cosy little bed for Topsy close to her own
舒适的 小床 托普茜 靠近 她的 自己的
shū shì de　xiǎo chuáng　　tuō pǔ xī　kào jìn　tā de　zì jǐ de

big bed, and Topsy and Judy were very happy.
大床 托普茜 朱迪 高兴的
dà chuáng　　　tuō pǔ xī　　zhū dí　　　gāo xìng de

But the next day—RAP-RAP—came a knock
但是 第二天 咚—咚 敲击声
dàn shì　dì èr tiān　dōng dōng　　　qiāo jī shēng

on the door, and there was Miss Samantha Littlefield!
门 那是 萨曼莎·利特菲尔德小姐
mén　　　nà shì　sà màn shā　lì tè fēi ěr dé xiǎo jiě

安格斯和托普茜

35

考考你 敲门的人是谁？

A. 安格斯　　　　　B. 朱迪的母亲　　　　　C. 萨曼莎小姐

安格斯和托普茜

"Oh, there is my naughty little Topsy!" said
　　那是　我的　淘气的　小托普茜　　　说
　　nà shì　wǒ de　táo qì de　xiǎo tuō pǔ xī　shuō

Miss Samantha, and Judy began to cry, and Topsy
萨曼莎小姐　　　朱迪开始　　哭泣　　　托普茜
sà màn shā xiǎo jiě　zhū dí kāi shǐ　kū qì　tuō pǔ xī

was very sad.
非常 难过的
fēi cháng nán guò de

Then　Miss Samantha Littlefield　asked very
然后 萨曼莎·利特菲尔德小姐　　　问　非常
rán hòu sà màn shā　lì tè fēi ěr dé xiǎo jiě　wèn　fēi cháng

kindly, "Little Girl, would you like to keep Topsy
和蔼地　小女孩　你想要……吗 留着 托普茜
hé ǎi de　xiǎo nǚ hái　nǐ xiǎng yào　ma　liú zhe tuō pǔ xī

for your very own little dog?"
作为　你自己的　　小狗
zuò wéi　nǐ zì jǐ de　xiǎo gǒu

36

考考你 当萨曼莎小姐刚到来的时候，朱迪和托普茜的心情是怎样的？

A. 都很高兴　　　　B. 都很难过　　　　C. 一个难过，一个高兴

扫码对答案
领现金奖励

Judy asked her mother, "Please, Mother, please may I keep Topsy to be my very own
朱迪　问　她的　母亲　　求求你了　妈妈　　请问　可以　我　留着　托普茜　　我自己的
zhū dí　wèn　tā de　mǔ qīn　　qiú qiú nǐ le　mā ma　　qǐng wèn　kě yǐ　wǒ　liú zhe　tuō pǔ xī　　wǒ zì jǐ de

little dog always?"
小狗　一直
xiǎo gǒu　yī zhí

And Judy's mother said, "Yes, Judy."
朱迪的　妈妈　说　可以的　朱迪
zhū dí de　mā ma　shuō　kě yǐ de　zhū dí

Then Judy said, "Thank you, Miss Littlefield, for giving Topsy to me, but won't you be lone-
然后　朱迪　说　　谢谢您　利特菲尔德小姐　　给　托普茜　我　但是　　你
rán hòu　zhū dí　shuō　xiè xiè nín　lì tè fēi ěr dé xiǎo jiě　gěi　tuō pǔ xī　wǒ　dàn shì　　nǐ

some without any Topsy?"
寂寞的　没有　任何托普茜
jì mò de　méi yǒu　rèn hé tuō pǔ xī

"Oh, no," said kind Miss Samantha Littlefield, "I will buy a nice little cat to
不　　说　和蔼的　萨曼莎·利特菲尔德小姐　　我将　买　　漂亮的　小猫咪
bù　　shuō　hé ǎi de　sà màn shā　lì tè fēi ěr dé xiǎo jiě　wǒ jiāng　mǎi　piào liàng de　xiǎo māo mī

come live with me."
来　和我住一起
lái　hé wǒ zhù yī qǐ

安格斯和托普茜

37

考考你　把托普茜送人后，萨曼莎小姐准备做什么？

A. 自己一个人过　　　　B. 时常来看望托普茜　　　　C. 买一只猫陪伴自己

安格斯和托普茜

So always after that Topsy belonged to Judy, and Judy belonged to Topsy, and Angus and
所以 一直 在那之后 托普茜 属于 朱迪 朱迪 属于 托普茜 安格斯
suǒ yǐ yī zhí zài nà zhī hòu tuō pǔ xī shǔ yú zhū dí zhū dí shǔ yú tuō pǔ xī ān gé sī

Wag-Tail-Bess and Judy and Topsy all romped together every day.
摇尾巴狗贝丝 朱迪 托普茜 全都 嬉闹 一起 每天
yáo wěi ba gǒu bèi sī zhū dí tuō pǔ xī quán dōu xī nào yī qǐ měi tiān

考考你

从此以后，托普茜他们过得开心吗？

A. 非常开心　　　　　　B. 不开心　　　　　　C. 除了朱迪，其他人都开心

英汉对译带拼音版

微信扫码关注公众号，回复"安格斯"听音频

Angus and Topsy

Once there was a little cocker spaniel puppy named Topsy, and all the HOME she had was a shop window. When Topsy was a baby puppy she had belonged to her mother, but now that she was older Topsy did not belong especially to anybody. So Topsy was very lonesome.

Every day Topsy would watch OTHER DOGS out walking with the PEOPLE they belonged to, and every day Topsy would hope that SOMEBODY who needed a little dog would come into the shop and take her away to a real HOME to live in.

One day Topsy saw a little girl and her mother walking by. Topsy heard the little girl say, "Look,

安格斯和托普茜
ān gé sī hé tuō pǔ xī

从前，有一只可卡犬幼犬，它的名
cóng qián yǒu yī zhī kě kǎ quǎn yòu quǎn tā de míng

字叫托普茜。它的整个家就是商店里的
zi jiào tuō pǔ xī tā de zhěng gè jiā jiù shì shāng diàn li de

一个橱窗。托普茜小的时候，一直由妈
yī gè chú chuāng tuō pǔ xī xiǎo de shí hou yī zhí yóu mā

妈照看。现在它长大了，不再专门属
ma zhào kàn xiàn zài tā zhǎng dà le bù zài zhuān mén shǔ

于谁了，所以它有些孤独。
yú shéi le suǒ yǐ tā yǒu xiē gū dú

托普茜每天看着别的狗跟着主人一起
tuō pǔ xī měi tiān kàn zhe bié de gǒu gēn zhe zhǔ rén yī qǐ

遛弯，它盼望着有一天某一个需要小
liù wān tā pàn wàng zhe yǒu yī tiān mǒu yī gè xū yào xiǎo

狗陪伴的人来到商店，带它住进一个真
gǒu péi bàn de rén lái dào shāng diàn dài tā zhù jìn yī gè zhēn

正的家里。
zhèng de jiā li

有一天，托普茜看见一个小女孩和她
yǒu yī tiān tuō pǔ xī kàn jiàn yī gè xiǎo nǚ hái hé tā

Mother, look at the sweet little dog!" Topsy barked and wagged her little tail, and the little girl said, "Please, Mother, please buy me the sweet little dog!" But the mother said, "No, Judy," and they went away.

Every day after that Topsy would see the little girl named Judy go by the shop window with her mother, and every day after that Topsy would hear the little girl say, "Please, Mother, please buy me the sweet little dog," and the mother always said, "No, Judy," and they would go away.

的妈妈从商店前走过。它听到小女孩
de māma cóng shāng diàn qián zǒu guò tā tīng dào xiǎo nǚ hái

说："看呀，妈妈，看那只可爱的小狗！"
shuō kàn ya māma kàn nà zhī kě ài de xiǎo gǒu

托普茜叫了几声，摇了摇它的小尾巴。
tuō pǔ xī jiào le jǐ shēng yáo le yáo tā de xiǎo wěi ba

小女孩说："求求您，妈妈，求您给我买下
xiǎo nǚ hái shuō qiú qiú nín māma qiú nín gěi wǒ mǎi xià

那只可爱的小狗吧！"但她妈妈说："不，
nà zhī kě ài de xiǎo gǒu ba dàn tā māma shuō bù

朱迪。"说完她们便离开了。
zhū dí shuō wán tā men biàn lí kāi le

从那之后，托普茜每天都会看到那个
cóng nà zhī hòu tuō pǔ xī měi tiān dōu huì kàn dào nà gè

叫朱迪的小女孩和她的妈妈一起走过商
jiào zhū dí de xiǎo nǚ hái hé tā de māma yī qǐ zǒu guò shāng

店橱窗。它每天都会听到那个小女孩
diàn chú chuāng tā měi tiān dōu huì tīng dào nà gè xiǎo nǚ hái

说："求求您，妈妈，求您给我买下那只可
shuō qiú qiú nín māma qiú nín gěi wǒ mǎi xià nà zhī kě

爱的小狗吧！"她妈妈总是说："不，朱
ài de xiǎo gǒu ba tā māma zǒng shì shuō bù zhū

迪。"每次说完她们便走了。
dí měi cì shuō wán tā men biàn zǒu le

安格斯和托普茜

41

Then at last SOMEBODY did come into the shop and take Topsy away to a real HOME to live in.

But this somebody was not the little girl named Judy. This somebody was a little old lady named Miss Samantha Littlefield.

Miss Samantha lived in a very large tidy house in the middle of a very large tidy garden, and Miss Samantha was very glad to have Topsy belong to her because she had no one else belonging to her such as children or grandchildren or nephews or nieces or people like that.

Miss Samantha gave Topsy a new collar with "Topsy" written on it, and a new leash and a woolly

终于有一天，真有人走进商店，把托普茜领走了，并给了它一个真正的家。

但这个人不是那个叫朱迪的小女孩，而是一位身材瘦小的老太太，她的名字叫萨曼莎·利特菲尔德小姐。

萨曼莎小姐住在位于一个整洁的大花园中间的一座整洁宽敞的房子里。萨曼莎小姐很高兴能有托普茜作伴，因为没有别的人可以陪她。她没有孩子，也没有孙子或者侄子、外甥女等亲人。

萨曼莎小姐给托普茜戴上了新的项

blue sweater for cold days and some galoshes for wet days.

But Topsy hid her leash and tore her blue sweater and chewed her galoshes.

Miss Samantha gave Topsy a large blue dish to eat out of, but when Topsy tried to eat her supper—SPLASH!—went Topsy's long ears into the dish, and out spattered her supper all over the floor and all over Topsy.

So Miss Samantha tied up Topsy's ears.

圈，上面写了托普茜的名字，还给它
quān　shàng miàn xiě le tuō pǔ xī de míng zi　hái gěi tā
拴了狗绳。天冷的时候会给它穿上
shuān le gǒu shéng　tiān lěng de shí hou huì gěi tā chuān shàng
蓝色羊毛外套，下雨天还会给它穿上
lán sè yáng máo wài tào　xià yǔ tiān hái huì gěi tā chuān shàng
胶套鞋。
jiāo tào xié

但托普茜却把狗绳藏起来，把羊毛
dàn tuō pǔ xī què bǎ gǒu shéng cáng qǐ lái　bǎ yáng máo
外套撕碎，还把胶套鞋嚼着玩。
wài tào sī suì　hái bǎ jiāo tào xié jiáo zhe wán

萨曼莎小姐给托普茜备了一个蓝色的
sà màn shā xiǎo jiě gěi tuō pǔ xī bèi le yī gè lán sè de
大盘子，给它放吃的食物。当它想吃晚
dà pán zi　gěi tā fàng chī de shí wù　dāng tā xiǎng chī wǎn
餐的时候，啪！它的长耳朵也伸到了盘
cān de shí hou　pā　tā de cháng ěr duo yě shēn dào le pán
子里，将晚餐的食物溅得到处都是——地
zi li　jiāng wǎn cān de shí wù jiàn de dào chù dōu shì　　dì
板上、它自己身上。
bǎn shang　tā zì jǐ shēn shang

于是萨曼莎小姐将托普茜的耳朵缠
yú shì sà màn shā xiǎo jiě jiāng tuō pǔ xī de ěr duo chán
了起来。
le qǐ lái

安格斯和托普茜

Miss Samantha tied up Topsy's ears with a red ribbon, but then Topsy would not eat out of her new blue dish. Topsy liked the dust bin better.

Miss Samantha gave Topsy a beautiful new bed with a green pillow to sleep on and a yellow blanket to sleep under.

But Topsy liked Miss Samantha's bed better.

Miss Samantha gave Topsy a rubber bone to play with, but Topsy found a real bone instead. Topsy hid the real bone, hid it away in Miss

萨曼莎用一根红丝带将托普茜的耳
sà màn shā yòng yī gēn hóng sī dài jiāng tuō pǔ xī de ěr

朵系在了一起。但托普茜还是不愿意用它
duo jì zài le yī qǐ dàn tuō pǔ xī hái shì bù yuàn yì yòng tā

的蓝色新餐盘吃东西。看起来它更喜欢
de lán sè xīn cān pán chī dōng xi kàn qǐ lái tā gèng xǐ huan

那个垃圾筒。
nà ge lā jī tǒng

萨曼莎小姐给托普茜准备了睡觉用的
sà màn shā xiǎo jiě gěi tuō pǔ xī zhǔn bèi le shuì jiào yòng de

漂亮新床，还有绿色枕头、黄色毛毯。
piào liang xīn chuáng hái yǒu lǜ sè zhěn tou huáng sè máo tǎn

但托普茜好像更喜欢睡萨曼莎小
dàn tuō pǔ xī hǎo xiàng gèng xǐ huan shuì sà màn shā xiǎo

姐的床。
jiě de chuáng

萨曼莎小姐给托普茜弄了一个橡胶
sà màn shā xiǎo jiě gěi tuō pǔ xī nòng le yī gè xiàng jiāo

骨头让它玩，但托普茜自己找到了一个
gǔ tou ràng tā wán dàn tuō pǔ xī zì jǐ zhǎo dào le yī gè

Samantha's bed, and then Topsy found many things to play with.

Topsy found rugs to slide on and to crawl under.

Topsy found feathers inside the sofa pillows, and Topsy found strange wire things inside the sofa, and soon Topsy found so many things to play with that Miss Samantha's large house was no longer tidy, and Miss Samantha was very sad.

真的骨头。它把真骨头藏起来，放在萨曼莎小姐的床上，然后自己找到了很多好玩的东西。

它发现毯子上面可以溜着，下面还可以爬着钻进去。

它发现沙发靠垫里的羽毛，也发现了沙发里面的奇怪的线圈。不久托普茜又发现了很多好玩的东西，于是萨曼莎小姐宽敞的房子变得不再整洁，萨曼莎小姐因此十分沮丧。

Miss Samantha said, "Topsy, you are a very naughty little dog. You will have to live in the cellar."

So Topsy was very sad because she had to live in the cellar.

But Topsy was not sad for long, because she climbed up the coal and out of a window and into the large tidy garden.

Topsy ran through tulips and over the pansies, and under the back gate.

And there was Angus.

萨曼莎小姐说："托普茜，你真是个
sà màn shā xiǎo jiě shuō　　tuō pǔ xī　nǐ zhēn shì gè

调皮捣蛋的小东西，那你只好住在地窖
tiáo pí dǎo dàn de xiǎo dōng xi　nà nǐ zhǐ hǎo zhù zài dì jiào

里了。"
li le

于是托普茜也很伤心，因为它不得不
yú shì tuō pǔ xī yě hěn shāng xīn　yīn wèi tā bù dé bù

住在地窖里。
zhù zài dì jiào li

但它并没有难过很长时间，因为它
dàn tā bìng méi yǒu nán guò hěn cháng shí jiān　yīn wèi tā

爬上了煤堆，爬出了窗户，来到了整
pá shàng le méi duī　pá chū le chuāng hu　lái dào le zhěng

洁的大花园。
jié de dà huā yuán

托普茜穿过郁金香，跃过紫罗兰，
tuō pǔ xī chuān guò yù jīn xiāng　yuè guò zǐ luó lán

从后门钻了出去。
cóng hòu mén zuān le chū qù

它见到了安格斯。
tā jiàn dào le ān gé sī

"Yip-yip!" said Topsy.

"Woof-woof!" said Angus.

So Angus and Topsy romped up and down and around the garden and under the hedge into the next garden.

And there was Wag-Tail-Bess!

So Angus and Topsy and Wag-Tail-Bess all romped up and down and around and around.

Then—plop—plop—on the ground in front of Topsy bounced a red rubber ball!

"汪——汪！"托普茜先问好。
wāng wāng tuō pǔ xī xiān wèn hǎo

"呜弗—呜弗！"安格斯回应道。
wū fú wū fú ān gé sī huí yìng dào

于是安格斯和托普茜绕着花园追打嬉
yú shì ān gé sī hé tuō pǔ xī rào zhe huā yuán zhuī dǎ xī
闹。它们钻出篱笆，又来到了隔壁家的
nào tā men zuān chū lí ba yòu lái dào le gé bì jiā de
花园。
huā yuán

这儿它见到了摇尾巴狗贝丝！
zhè ér tā jiàn dào le yáo wěi ba gǒu bèi sī

于是安格斯、托普茜和摇尾巴狗贝丝
yú shì ān gé sī tuō pǔ xī hé yáo wěi ba gǒu bèi sī
上上下下，转圈打闹起来。
shàng shàng xià xià zhuàn quān dǎ nào qǐ lái

啪—啪！一个红色的橡皮球在托普茜
pā pā yī gè hóng sè de xiàng pí qiú zài tuō pǔ xī
前面的地上弹跳着。
qián miàn de dì shang tán tiào zhe

Topsy saw a little girl looking over the wall.

Topsy saw a little girl come running for her ball.

And Topsy saw that this little girl was JUDY!

"Yip-yip!" barked Topsy and wagged her little tail, and Judy said, "Why, it's my own little dog, my own little, sweet little dog who lived in the shop window!"

And Topsy licked Judy's red cheeks, and then Angus and Wag-Tail-Bess and Topsy and Judy all romped together until supper time.

小女孩从墙边探出头，朝这边看。
xiǎo nǚ hái cóng qiáng biān tàn chū tóu cháo zhè biān kàn

托普茜看到这个小女孩跑过来找她的球。
tuō pǔ xī kàn dào zhè ge xiǎo nǚ hái pǎo guò lái zhǎo tā de qiú

托普茜看到这个小女孩就是朱迪！
tuō pǔ xī kàn dào zhè ge xiǎo nǚ hái jiù shì zhū dí

"汪——汪！"托普茜叫着，摆着它的小尾巴。朱迪说："哎呀，这是我的小狗，待在商店橱窗里的可爱的小狗！"
wāng wāng tuō pǔ xī jiào zhe bǎi zhe tā de xiǎo wěi ba zhū dí shuō āi yā zhè shì wǒ de xiǎo gǒu dāi zài shāng diàn chú chuāng li de kě ài de xiǎo gǒu

托普茜舔了舔朱迪红红的脸颊，安格斯、摇尾巴狗贝丝、托普茜和朱迪追打嬉闹，直到晚饭时间。
tuō pǔ xī tiǎn le tiǎn zhū dí hóng hóng de liǎn jiá ān gé sī yáo wěi ba gǒu bèi sī tuō pǔ xī hé zhū dí zhuī dǎ xī nào zhí dào wǎn fàn shí jiān

Then Angus went home to his house, and Bess went home to her house, and when Judy went home to her house Topsy went with her. And Judy gave Topsy some supper out of a small yellow bowl so that Topsy's long ears fitted nicely over it, and Topsy ate all her supper very neatly.

When Judy went to bed she made a cosy little bed for Topsy close to her own big bed, and Topsy and Judy were very happy.

But the next day—RAP-RAP—came a knock on the door, and there was Miss Samantha Littlefield!

安格斯回到屋子里，贝丝也回到屋里，
ān gé sī huí dào wū zi li bèi sī yě huí dào wū li

当朱迪回到家时，托普茜也跟着她回到了
dāng zhū dí huí dào jiā shí tuō pǔ xī yě gēn zhe tā huí dào le

家。朱迪用一个黄色的小碗给托普茜
jiā zhū dí yòng yī gè huáng sè de xiǎo wǎn gěi tuō pǔ xī

弄来了晚餐，这样它那长耳朵放在碗
nòng lái le wǎn cān zhè yàng tā nà cháng ěr duo fàng zài wǎn

外面正好合适，托普茜干干净净地吃
wài miàn zhèng hǎo hé shì tuō pǔ xī gān gān jìng jìng de chī

掉了晚餐的食物。
diào le wǎn cān de shí wù

当朱迪睡觉时，她为托普茜弄了一个
dāng zhū dí shuì jiào shí tā wèi tuō pǔ xī nòng le yī gè

舒适的小床，紧挨着自己的大床，托
shū shì de xiǎo chuáng jǐn āi zhe zì jǐ de dà chuáng tuō

普茜和朱迪过得非常幸福。
pǔ xī hé zhū dí guò de fēi cháng xìng fú

第二天，"啪—啪"地响起了一阵敲
dì èr tiān pā pā de xiǎng qǐ le yī zhèn qiāo

门声，萨曼莎小姐来了！
mén shēng sà màn shā xiǎo jiě lái le

安格斯和托普茜

"Oh, there is my naughty little Topsy!" said Miss Samantha, and Judy began to cry, and Topsy was very sad.

Then Miss Samantha Littlefield asked very kindly, "Little Girl, would you like to keep Topsy for your very own little dog?"

Judy asked her mother, "Please, Mother, please may I keep Topsy to be my very own little dog always"

And Judy's mother said, "Yes, Judy."

"噢，我那调皮的小托普茜在这儿啊！"萨曼莎小姐说道。朱迪开始哭了起来，托普茜也感到很沮丧。

接着萨曼莎·利特菲尔德小姐非常友好地问道："小姑娘，你想把托普茜留下当作自己的小狗吗？"

朱迪去问她母亲："求求你，妈妈，求求你！我能将托普茜留下一直当作自己的小狗吗？"

朱迪妈妈答道："好吧，朱迪。"

Then Judy said, "Thank you, Miss Littlefield, for giving Topsy to me, but won't you be lonesome without any Topsy?"

"Oh, no," said kind Miss Samantha Littlefield, "I will buy a nice pussy cat to come live with me."

So always after that Topsy belonged to Judy, and Judy belonged to Topsy, and Angus and Wag-Tail-Bess and Judy and Topsy all romped together every day.

于是朱迪说道:"利特菲尔德小姐,谢谢您把托普茜送给了我。但如果您没有托普茜陪伴,难道不会感到孤独吗?"

"哦,不会的。"慈爱的萨曼莎·利特菲尔德小姐说道,"我打算买个乖点儿的小猫跟我住在一起。"

自那以后,托普茜就一直陪伴着朱迪。朱迪也陪伴着托普茜。安格斯、摇尾巴狗贝丝、朱迪和托普茜每天一起欢快地嬉闹着。

考考你

1. 从托普茜对家的选择来看，它更看重什么？

   A. 物质好坏　　　　　B. 爱与陪伴　　　　　C. 房子的大小

2. 你觉得朱迪是个什么样的女孩？

   A. 可爱又调皮　　　　B. 富有同情心　　　　C. 富有爱心

3. 从这个故事，你明白了一个什么道理？

   A. 富人家的宠物一般都过得不开心。

   B. 要想有一个温暖的家，物质条件至关重要。

   C. 陪伴、关爱和情感交流才是一个家庭温暖的关键所在。

文学审美和鉴赏

一部充满温馨友情与成长启示的绘本故事

一、故事情节

《安格斯和托普茜》讲述了一个小狗托普茜如何从孤独的商店橱窗里找到了真正的家庭、朋友和温馨生活的故事。故事情节简单，却充满着温馨，让人感受到了家庭、友情以及对生活的热爱。

二、形象塑造

托普茜：作为故事的主角，托普茜呈现出了一只活泼、好奇的小狗的形象。它不仅拥有丰富的情感，而且在面对困境和重大选择时，展现出了积极向上又睿智的态度。

安格斯：安格斯是托普茜的朋友，它们在故事中相互陪伴，共同成长。安格斯的形象鲜明，给人留下了深刻印象。

朱迪：朱迪是一个善良、懂得关爱小动物的小女孩。她用自己的爱心让托普茜感受到了真正的家庭的温暖。

三、主题思考

《安格斯和托普茜》的主题包括家庭、友情和成长。通过讲述托普茜的经历，作者告诉我们珍惜家庭和友情，努力去适应和改变生活，同时也传递了在困境中保持乐观、勇敢面对挑战的信念。

四、艺术表现

插画风格：这部绘本采用了生动可爱的插画风格，色彩鲜艳且具有对比，为孩子们带来了愉悦的视觉体验。

文字叙述：故事中的文字叙述通俗易懂，充满着生活气息。通过对话的形式，增强了故事的情感张力，让孩子们更容易沉浸在故事情境中。

情感传达：绘本故事通过托普茜、安格斯和朱迪的经历，传达了家庭、友情和成长等情感。这些情感对于孩子们的成长具有积极的启示作用，有助于培养他们的人际交往能力和情感共鸣。

五、教育意义

《安格斯和托普茜》这部绘本故事具有很高的教育意义。它以托普茜的成长为线索，教导孩子们在生活中要学会珍惜家庭、友情，勇敢面对挑战，同时也传达了对动物的关爱和保护。通过阅读这个故事，孩子们可以学会关心他人，关注周围的生活环境，养成良好的品格。

六、结语

总之，《安格斯和托普茜》这个绘本故事以其简单的情节、鲜明的人物形象、丰富的情感表达以及教育意义，成为了一部值得推荐给孩子们的优秀作品。它既能带给孩子们愉悦的阅读体验，也能在潜移默化中教导他们如何去关爱他人、珍惜友情和勇敢面对生活的挑战。

贫富选择背后的幸福启示

一、绘本故事梗概

《安格斯和托普茜》这个绘本故事讲述了一只名叫托普茜的小狗，被一位有钱的名叫萨曼莎的小姐收养。尽管萨曼莎小姐为托普茜提供了丰富的物质生活，但托普茜在她家却感受不到家的温暖。最后，托普茜选择了一个贫穷但能给她温暖的小女孩朱迪，过上了快乐的生活。

二、深刻寓意

这个故事传达了一个深刻的寓意：家的温暖并非物质财富所能衡量，而是陪伴、关爱和情感交流。托普茜在萨曼莎小姐家里拥有了许多物质上的享受，但仍然感到孤独和不安。而在朱迪家里，尽管生活条件相对简朴，但托普茜却感受到了家的温暖，因为它得到了关爱、陪伴和情感交流。

三、对孩子的启示

这个绘本故事对孩子们有很多启示：

重视亲情、友情和陪伴：孩子们应该学会珍惜家庭和亲情，了解到友情和陪伴的重要性，不要过分追求物质上的享受。

培养同情心和关爱：通过托普茜的经历，孩子们可以理解到关爱、陪伴和情感交流对于成长的重要性。这将有助于培养他们的同情心和关爱他人的能力。

了解幸福的真正含义：幸福并非来自物质财富，而是源于家庭和友情的陪伴、关爱和情感交流。孩子们应该学会珍惜现有的幸福，努力去关心和帮助他人，以期获得更多的幸福感。

四、结论

《安格斯和托普茜》这个绘本故事以其深刻的寓意和对孩子的启示，成为了一部值得推荐给孩子们的优秀作品。它既能带给孩子们愉悦的阅读体验，也能在潜移默化中引导孩子形成正确的价值观。